学校德育

顶层设计 18 问

周凤林 ◎ 著

华东师范大学出版社

· 上海 ·

图书在版编目(CIP)数据

学校德育顶层设计 18 问/周凤林著. —上海:华东师范大学出版社,2015.5
ISBN 978 - 7 - 5675 - 3606 - 7

Ⅰ.①学… Ⅱ.①周… Ⅲ.①学校教育－德育－研究－中国 Ⅳ.①G41

中国版本图书馆 CIP 数据核字(2015)第 106640 号

学校德育顶层设计 18 问

著　　者　周凤林
责任编辑　刘　佳
审读编辑　朱智慧
责任校对　陈晓红
装帧设计　卢晓红

出版发行　华东师范大学出版社
社　　址　上海市中山北路 3663 号　邮编 200062
网　　址　www.ecnupress.com.cn
电　　话　021 - 60821666　行政传真 021 - 62572105
客服电话　021 - 62865537　门市(邮购)电话 021 - 62869887
地　　址　上海市中山北路 3663 号华东师范大学校内先锋路口
网　　店　http://hdsdcbs.tmall.com

印刷者　浙江临安曙光印务有限公司
开　　本　787毫米×1092毫米　1/16
印　　张　14.5
字　　数　226千字
版　　次　2015年8月第1版
印　　次　2024年1月第8次
书　　号　ISBN 978 - 7 - 5675 - 3606 - 7/G·8335
定　　价　32.00元

出 版 人　王　焰

目 录

前言：学校德育需要顶层设计

育人是学校的根本任务。《大学》指出："大学之道，在明明德，在亲民，在止于至善。"中小学作为每个学生终身发展的重要阶段，为学生终身发展奠基，关系到每家每户的幸福，要在切实培养社会主义事业合格建设者和接班人方面承担起"奠基"责任，把立德树人作为根本任务，把促进学生健康成长作为学校一切工作的出发点和落脚点。德育是一项系统工作，从广义上说德育应该由学校、家庭及社会共同完成；从狭义上讲学校德育包括德育目标与内容、途径与方法以及管理与评价等。学校德育需要顶层设计，整体构建学校德育体系，这是进一步增强学校德育实效性的根本保证。

什么是顶层设计？顶层设计的本义是统筹考虑项目的各层次和各要素，追根溯源，统揽全局，在最高层次上寻求问题的解决之道。[①] 顶层设计是一项工程"整体理念"的具体化，即运用系统论的方法，从全局的角度，对某项任务或者某个项目的各方面、各层次、各要素统筹规划，以集中有效资源，高效快捷地实现目标。[②] 顶层设计是自高端向低端展开的设计方法，核心理念与目标都源自顶层，因此是顶层决定底层，高端决定低端；顶层设计强调设计对象内部要素之间要围绕核心理念和顶层目标形成关联、匹配与有机衔接。

什么是学校工作的顶层设计？将工程上顶层设计的概念借用到学校管理上，学校工作的顶层设计指的是从学校或者部门层面上，运用系统论的方法，对某项工作进行全面、系统和科学的思考和规划，以实现最佳的工作目标。顶层设计是思维理念和工

---

① 佚名.电子政务顶层设计：基本概念阐释[EB/OL]（2011 - 12 - 7）[2013 - 04 - 21]. http://www.henan. gov. cn/zwgk/system/2011/12/07/010280583. shtml

② 佚名."顶层设计"的魅力和价值[EB/OL]（2011 - 06 - 22）[2014 - 04 - 21]. http://paper. ce. cn/jjrb/ html/2011 - 06/22/content_157846. htm

作方法,是复杂的思维活动,是干部德才素养的综合反映。顶层设计的本领和路径,不可能与生俱来,也不可能一蹴而就,需要长期坚持不懈地学习、思考和实践,需要持续的思维锻炼,这样才能为顶层设计奠定能力基础。

什么是学校德育的顶层设计?学校德育顶层设计指的是依据党和国家的教育方针,基于学校办学理念和培养目标,从学校层面上系统考虑德育各环节和各要素的关系及作用,注入育人价值,系统构建学校德育。学校德育顶层设计作为进一步增强学校德育实效性的战略手段,具有以下特点:首先是严密的逻辑性。系统性思维讲究严密的逻辑性,所以,学校德育顶层设计不仅要清晰描述学校德育的"终极目标"是什么(德育科学),更要明确回答学校德育"取得实效"是因为什么(德育哲学);不仅要有合理的德育理念、价值观及文化,更要有具体可操作的方法。要按照德育目标,有针对性地提出系统、清晰、具体的实施措施。其次是明确的可操作性。顶层设计必须从实际出发,再回到实际中来,所有的设计方案及每一项德育活动或者德育工作都要有措施,都要能归结到可执行的要素"5W2H"上,即明确所要执行的是什么任务(what)、为什么要做(why)、何时开始(when)、从哪里入手(where)、由何人负责(who)、如何去做(how)及要花多少时间和资源(how much),以此确保具体执行者能够充分把握战略要领,保证执行不出偏差。

一、 学校德育顶层设计是进一步加强和改进学校德育工作的需要

在改革开放和建设社会主义市场经济体制的过程中,学校德育面临着许多新情况和新问题。例如:在经济体制转轨、经济成分多元并存的情况下,如何坚持社会主义道路?在扩大对外开放,吸收国外先进经验的情况下,如何振奋民族精神,树立民族自信心和自豪感?在社会生活中存在着"一切向钱看"的思想影响下,如何树立正确的世界观、人生观和价值观?在社会生活中出现"黄赌毒"、"假冒伪劣"、"坑蒙拐骗"等消极影响的情况下,如何教育学生增强遵纪守法观念?在升学考试、职业选择竞争日益激烈的情况下,如何培养学生承受挫折、适应环境、积极进取的健康的心理素质?面对这些问题,德育工作者做了大量的工作和坚持不懈的努力。但是,从总体上看,学校德育还有许多与社会需求不适应的地方,还存在不少亟待解决的问题。学校德育没有像智育那样形成一套科学化、系统化、规范化和相对稳定的传授体系。学校教育主要是以课

堂教学为基本组织形式，课堂是教育的主阵地。长期以来，德育内容没有完全纳入大、中、小学的课程体系。虽然，小学有思想品德课、中学有思想政治课、大学有马克思理论课和思想政治教育课，但是这些课程并不能涵盖德育的全部内容。① 如爱国主义教育、民族精神教育、国防教育、环境教育、生命健康教育等等，尽管我们可以将这些德育内容放在学校的党团队工作、班主任工作、课外活动、社会实践中来实施，但是这些德育实践途径毕竟不像课程那样有科学的课程标准和教材，有固定的课时，有专门的教师，有一套科学评价的手段，由于在时间、人力、物力上得不到保证而成为"软"任务，容易落空或流于形式。我们还应看到，大、中、小学校的德育内容不同程度地存在着"脱节"、"倒挂"、"简单重复"、"过频变动"，脱离学生身心特点和认知水平的实际，脱离社会生活实际的现象。我们不能不承认，实际工作中确实还存在着德育目标"过高"、"过大"，教育内容离学生实际"过空"、"过远"，德育可轻可重、可紧可松，德育是务虚工作，无法抓、无处抓、抓不着、抓不好等现象。

面对纷繁复杂的国内外形势，我们要充分认清青少年学生思想道德建设的复杂性、艰巨性和紧迫性，以清醒的头脑，去探索使学校德育工作更有效的内容、方法和途径。

二、 学校德育顶层设计是培育和践行社会主义核心价值观的需要

全面贯彻党的教育方针，坚持立德树人，加强社会主义核心价值体系教育，完善中华优秀传统文化教育，形成开展爱学习、爱劳动、爱祖国活动的有效形式和长效机制，增强学生的社会责任感、创新精神和实践能力。立德树人的"德"就是社会主义教育对人才培养的首要和根本的要求。"德"是做人的根本，青少年学生处在世界观、人生观、价值观形成的关键时期，教育就是要紧紧抓住这个关键期，按照教育的规律来实施"立德树人"的工作，这就要求在学校教育中真正把德育放在首位。这里的首位至少有三个方面的含义：一是学校在一切工作中要将德育放在首要和优先的地位予以考虑和保障，在工作安排、活动策划、环境营造、各种保障中都要将德育工作放在优先地位；二是

① 詹万生.整体构建德育体系引论[M].北京：教育科学出版社，2001：10.

在各学科教学中,都要将"德"的教育融入其中,把不同学科中"德"的要素有效地挖掘出来,有机地融入到学科教学中去,使"德"与"智"、"体"、"美"彼此交融,互促共进,有效发挥学科课程的"育德"功能;三是衡量教育成效、衡量学校教育是否成功,其首要标准就是培养出的学生的"德"究竟如何,学生的世界观、人生观、价值观和道德品行等是否达到了"德"的基本要求。

培育和弘扬社会主义核心价值观作为凝魂聚气、强基固本的基础工程,继承和弘扬中华优秀文化和传统美德,广泛开展社会主义核心价值观宣传教育,积极引导人们讲道德、尊道德、守道德,追求高尚的道德理想,不断夯实中国特色社会主义的思想道德基础。伴随着全球化和文化多元化时代的到来,世界各国不仅致力于构建自己国家的价值观,而且努力扩大自己价值观的国际影响力。社会主义核心价值观是社会主义核心价值体系的内核,体现了社会主义核心价值体系的根本性质和基本特征,反映了社会主义核心价值体系的丰富内涵和实践要求,是社会主义核心价值体系的高度凝练和集中表达,是推进中国特色社会主义伟大事业、实现中华民族伟大复兴中国梦的战略任务。

党和国家倡导富强、民主、文明、和谐,倡导自由、平等、公正、法治,倡导爱国、敬业、诚信、友善,积极培育和践行社会主义核心价值体系。这与中国特色社会主义发展要求相契合,与中华优秀传统文化和人类文明优秀成果相承接,是我们党凝聚全党全社会价值共识作出的重要论断。富强、民主、文明、和谐是国家层面的价值目标,自由、平等、公正、法治是社会层面的价值取向,爱国、敬业、诚信、友善是公民个人层面的价值准则,这 24 个字是社会主义核心价值观的基本内容,为培育和践行社会主义核心价值观提供了遵循的原则。面对世界范围内思想文化交流、交融、交锋形势下价值观较量的新态势,面对改革开放和发展社会主义市场经济条件下思想意识多元、多样、多变的新特点,积极培育和践行社会主义核心价值观,对于巩固马克思主义在意识形态领域的指导地位、巩固全党全国人民团结奋斗的共同思想基础,对于促进人的全面发展、引领社会全面进步,对于集聚全面建成小康社会、实现中华民族伟大复兴中国梦的强大正能量,具有重要的现实意义和深远的历史意义。①

---

① 中共中央办公厅印发《关于培育和践行社会主义核心价值观的意见》[EB/OL]. http://cpc. people. com. cn/n/2013/1223/c64387-23924110. html.

"用什么培养人"是教育的内容。学校的教育内容一般可以分为知识性教育、养成教育和能力教育这几个大的方面，而社会主义核心价值体系和优秀民族文化在我们的教育内容中占据着主要地位，社会主义核心价值体系教育是时代性的必然要求。恩格斯曾经说过：人们总是从他们"所依据的实际关系中"，"从他们进行生产和交换的经济关系中，吸取自己的道德观念"，社会主义社会的生产关系和社会关系决定了学校教育的"立德"任务，同时这种关系也从根本上保证了"立德"任务的实现。社会主义核心价值体系构成"德"的核心内容，核心价值决定了一系列基本价值的原则和根据，是价值关系中最深层的价值元，在"德"的形成中起决定性作用；中华民族优秀传统文化教育是教育历史性的基本要求，教育的基本功能之一就是传承，传承优秀的民族文化基因，继承和发展民族文化的核心精神，是中华民族生生不息的文化延续和传承对教育的基本要求，是"德"的文化符号和历史标识。青少年学生只有普遍认同民族精神和时代精神，才能在心灵深处构筑起强大的理想、传统精神和道德价值的支撑，形成良好的道德品质和行为习惯，培养起对民族文化的归属感和认同感，惟其如此，爱国才有基础。

"怎样培养人"是教育的方法，也就是用什么方法达到"立德树人"的目的，解决"德"怎么"立"，"人"如何"树"的问题。在新的形势下，育德的方法手段需要进一步改革，这是科学育人的要求。科学育人是指按照科学的方法来育人，科学的方法就是符合教育规律、符合学生身心发展规律的方法。不同年龄段的青少年学生有着不同的认知能力和身心发展特点，需要采取的教育方法是不同的，科学的方法和手段就是根据不同年龄段的基本特征，采用不同的方法来进行教育；同时还要特别注意教育规律是由多方面的规律组成的，不能仅仅注重了知识性规律而忽视了能力和道德形成规律，更不能简单地用知识性规律来代替能力性规律和道德形成规律，用能力知识和道德知识来代替能力培养和道德养成。[①]

学校德育顶层设计，就是要坚持育人为本、德育为先，围绕立德树人的根本任务，把社会主义核心价值观教育贯穿于大、中、小学各学段，落实到教育教学和管理服务各环节，覆盖到所有学校和受教育者，形成课堂教学、社会实践、校园文化多位一体的育人平台，不断完善中华优秀传统文化教育，形成开展爱学习、爱劳动、爱祖国活动的有

---

① 优大林.坚持立德树人根本导向,把握科学育人基本规律[J].今日教育,2013(12).

效形式和长效机制,努力培养德智体美全面发展的社会主义事业建设者和接班人;适应青少年学生身心特点和成长规律,深化青少年思想道德建设和大学生思想政治教育,构建大中小学有效衔接的德育课程体系和教材体系,创新中小学德育课和高校思想政治理论课的教育教学;推动社会主义核心价值观进教材、进课堂、进学生头脑;完善学校、家庭、社会三结合的教育网络,引导广大家庭和社会各方面主动配合学校教育,以良好的家庭氛围和社会风气巩固学校教育成果,形成家庭、社会与学校携手育人的强大合力。

三、学校德育顶层设计是完善中华优秀传统文化教育的需要

加强中华优秀传统文化教育,是深化中国特色社会主义教育和中国梦宣传教育的重要组成部分,是培育和践行社会主义核心价值观,落实立德树人根本任务的重要基础。中国特色社会主义道路是在对中华民族五千多年悠久文明的传承中走出来的,具有深厚的历史渊源和广泛的现实基础。加强中华优秀传统文化教育,对于引导青少年学生更加全面准确地认识中华民族的历史传统、文化积淀、基本国情,认清中国特色社会主义的历史必然性,坚定走中国特色社会主义道路,实现中华民族伟大复兴中国梦的理想信念,具有重大而深远的历史意义。世界多极化、经济全球化深入发展,国内经济社会转轨转型、深刻变革,现代传播技术迅猛发展,世界范围内各种思想文化的交流交融交锋更加频繁,社会思想观念日益活跃。青少年学生思想意识更加自主,价值追求更加多样,个性特点更加鲜明,社会上一些不良的思想倾向和行为,对青少年学生健康成长产生了不容忽视的影响。加强中华优秀传统文化教育,对于引导青少年学生增强民族文化自信和价值观自信,自觉践行社会主义核心价值观具有重要作用。①

构建中华优秀传统文化的传承体系,是推动文化传承创新的重要途径。当今世界,文化在综合国力竞争中的地位和作用更加凸显,越来越成为民族凝聚力和创造力的重要源泉,博大精深的中华优秀传统文化是我们在世界文化激荡中站稳脚跟的根

---

① 教育部关于印发《完善中华优秀传统文化教育指导纲要》[EB/OL]. http://www. gov. cn/xinwen/2014-04/01/content_2651086. htm

基。青少年学生是祖国的未来、民族的希望，加强对青少年学生的中华优秀传统文化教育，对于培养中华优秀传统文化的继承者和弘扬者，推动文化传承创新，建设社会主义先进文化具有夯实基础的作用。

学校德育顶层设计，要紧紧围绕立德树人的根本任务，以弘扬爱国主义为核心的团结统一、爱好和平、勤劳勇敢、自强不息的民族精神为主线，以推进大中小学中华优秀传统文化教育一体化为重点，整体规划、分层设计、有机衔接、系统推进，促进青少年学生全面发展，培养富有民族自信心和爱国主义精神的社会主义事业的建设者和接班人。

第一章
学校德育目标的顶层设计

人的目的性是人与动物的分水岭，由于有了目的，人类的活动就不再是一种无反省的动物性本能，而是一种追求理想和完美的创造性实践活动。一切教育活动，都是直接或间接地为了达到一定的教育目的而展开的，一切教育目的又都是为了解决一定时期人的发展与社会发展之间的某种不适应或者某种矛盾而主观预设的。

第1问：现行中小学的德育目标是什么？

问题分解1　德育目的与德育目标是一回事吗？

德育目的与德育目标是不同层位的两个范畴，不宜笼而统之地加以混淆。德育目的属于上位概念，德育目标则属于下位概念。就其外延来看，德育目的大于德育目标；而就其内涵而言，德育目标则精于德育目的。德育目的是国家层面或社会层面对于受教育者品德发展的总的规定，具有较强的国家观念或意识形态色彩，呈现出相对的普遍性、统一性。德育目标则是不同类型、不同层次的学校教育所要完成的较为具体的德育任务，或某一具体的德育活动所要追求的目标，具有较为明显的差异性、灵活性、多样性。换言之，德育目的是学校政治、思想、道德、法纪和心理健康教育所遵循的总的方向，而德育目标则是对各级各类学校和具体的德育活动所要实现的结果的特殊要求；德育目的是一种哲学性陈述，是对所培养的人的品德素质的大致规定，德育目标则是对所培养的人的品德素质的一种具体的描述。

德育目的既指向教育者又指向受教育者，而德育目标则更多地指向受教育者；德育目的是对所有接受教育的人的道德发展的较为抽象和概括的规定，是一种教育理想，而德育目标则是围绕德育目的展开的针对特定对象的较为具体和明确的规定，通常以德育任务体现出来。相对而言，德育目的具有一定的抽象性和理论的一般性，不关注达成目的的程序、方法、手段，而德育目标类似于德育任务，它是较为具体、明确的。德育目的对一切德育活动都具有某种目标的统摄性与价值的牵引性，而德育目标则是在总的德育目的的指引下对丰富而具体的德育活动的预设或规定，它对德育活动的影响是直接的、明示的。此外，德育目的具有相对的稳定性、普遍性，而德育目标则视德育类型、德育对象、德育内容等的不同而灵活变通。① 德育目的与德育目标是抽象与具体的关系，是一般性与特殊性的关系，是抽象规定和具体落实的关系。诚如《学会生存——教育世界的今天和明天》所言："目的与目标是不同的，你能测量目标，但不能测量目的。一个最后的目的是一种哲学力量，它是我们行动的先验本质。培养自由的人和创造思维，最大限度地挖掘每一个人的潜力，这就是最后的目的。一个目标是独立于个人而存在的。"②德育目的是一种教育意志与教育理想，德育目标则是对德育目的具体而明确的规定。

问题分解 2　现行的中小学德育目标究竟是什么？

《小学德育大纲》（1993）规定小学德育的培养目标是："培养学生初步具有爱国家、爱劳动、爱科学、爱社会主义的思想情感和良好品德；遵守社会公德的意识和文明行为习惯；良好的意志、品格和活泼开朗的性格；自己管理自己、帮助别人、为集体服务和辨别是非的能力，为使他们成为德、智、体全面发展的社会主义建设者和接班人，打下初步的良好的思想品德基础。"③

《中学德育大纲》（1995）规定中学德育的总目标是："把全体学生培养成为热爱社会主义祖国的具有社会公德、文明行为习惯的遵纪守法的公民。在这个基础上，引导他们逐步树立科学的人生观、世界观，并不断提高社会主义思想觉悟，使他们中的优秀分子将来能够成为共产主义者。"其中初中阶段德育目标为："热爱祖国，具有民族自尊心、自信心、自豪感，立志为祖国的社会主义现代化努力学习；初步树立公民的国家观念、道德观念、法制观念；具有良好的道德品质、劳动习惯和文明行为习惯；遵纪守法，懂得用法律保护自己；讲科学，不迷信；具有自尊自爱、诚实正直、积极进取、不怕困难等心理品质和一定的分辨是非、抵制不良影响的能力。"高中阶段德育目标是："热爱祖国，具有报效祖国的精神，拥护党在社会主义初级阶段的基本路线；初步树立为建设有

① 教育部基础教育司. 中小学德育工作文献规章要览[M]. 北京：人民教育出版社，1988：63.
② 联合国教科文组织国际教育发展委员会. 学会生存——教育世界的今天与明天[M]. 上海：教育科学出版社，1996：183.
③ 教育部基础教育司. 中小学德育工作文献规章要览[M]. 北京：人民教育出版社，1988：63.

中国特色的社会主义现代化事业奋斗的理想志向和正确的人生观,具有公民的社会责任感;自觉遵守社会公德和宪法、法律;养成良好的劳动习惯、健康文明的生活方式和科学的思想方法,具有自尊自爱、自立自强、开拓进取、坚毅勇敢等心理品质和一定的道德评价能力、自我教育能力。"①

　　显然,上述对中小学德育目标的阐述已经十分清楚而且完整。但是,上述目标反映的是党和国家对青少年在政治、思想、品德等方面的总体要求,对于学校、教师来说,还需要有进一步的可操作目标。各阶段的德育目标还需进一步分解到具体课程、年级的具体教育目标之中。德育目标的顶层设计首先要依据党和国家的教育方针,要了解国家对人思想道德的要求;其次,还要根据学校的办学理念和办学目标;第三,要符合本校学生的身心发展特点,不能脱离学生的实际情况。

---

① 教育部基础教育司.中小学德育工作文献规章要览[M].北京:人民教育出版社,1988:76.

第2问：德育目标设计要遵循哪些原则？

德育目标的设计不仅应具有超越和超前的特点，还应当考虑到社会发展及德育对象的道德发展两个方面的实际，要具有实现的可能。那么，作为活动结果设定的德育目标要遵循哪些原则呢？

一、价值性原则

德育活动需要完成很多方面的任务，有许多与一般教育活动相同的目标。但是，德育目标作为一种对于学生品德成长的要求，其价值属性特别突出。就是说，价值态度的改变是其最主要的目标。认知方面的任务虽然也重要，但是相对于价值目标来说，是工具性的目标。行为的改变也只有价值态度发生改变时才算拥有真正的"德行"。

二、预见性原则

作为德育活动结果的设定，德育目标确定时应对德育过程诸因素如教师、学生、教育内容、教育手段以及教育过程诸环节，对道德价值与规范的认知与情感体验、道德内化、道德行为的改善等，都有预先的设想，从而全面和有前瞻性地规划德育活动。

三、超越性原则

德育目标的超越性主要表现为两个方面：一是由于道德本身具有对生活的超越性，德育目标的要求应适当高于德育对象的现实的道德水平；二是德育目标应适当超越日常生活，教育是生活的提升，学校教育的目标如果就是社会上的东西，那么就没有设立学校的必要，因此在价值目标上需要具有适当的时代超越性。关于德育目标应当高于德育对象的现有水平,科尔伯格曾经有过论述。他说:"不管是以阶段5还是阶段6来规定学校道德教育应达到的水平,都不要紧。但可以肯定地说,不能以比这两个阶段低的阶段的道德水平去规定道德教育的目的。"对具体的教育对象而言,虽然科尔伯格认为"儿童极少能理解超过其所属阶段一个以上的信息",但是他仍然坚持:"对于年幼的儿童,我们在传授道德信息时确实可能会犯水平过高或水平过低的错误,而犯水平过低的错误比犯水平过高的错误更糟糕,这是因为,在信息水平过低的情况下,儿童会失去对所传递信息的尊重。"[1]

四、可能性原则

德育目标的制定不仅应具有超越和超前的特点,还应当考虑到社会发展及德育对象的道德发展两个方面的实际,要具有实现的可能。德育目标是一种对德育对象影响的预期。德育影响作为德育主体道德构建的价值环境能否有效实现,关键在于环境的设计能否与主体的接受状态联系起来。不进入主体接受的阈限,德育目标的实现就是妄想。此外,长远或超越性的德育目标既要有现实性,又要有实现它的具体方式,如将目标进行分解、分层等。[2]

---

① 瞿葆奎.教育学文集:德育[M].北京:人民教育出版社,1989:540.
② 檀传宝.德育原理[M].北京:北京师范大学出版社,2014:124-125.

第3问：学校德育目标顶层设计的切入点是什么？

学校德育目标顶层设计的切入点是要处理好四个关系。

一、学校德育目标顶层设计要处理好继承、借鉴与创新的关系

学校德育目标的结构与层次，既要建立在对我国既往中小学德育目标，尤其是改革开放以来的中小学德育目标合理成分的继承与当代国外中小学德育目标的有益借鉴的基础上，又要根据我国社会现阶段的政治、经济、文化、社会发展的需要进行创新。

二、学校德育目标顶层设计要处理好个人发展与社会发展需要的关系

德育目标首先要关注个体自我发展、自我完善、自我幸福的需要。同时，为了人类长远的、整体的和根本的利益，也必须关注社会发展的需要。因此，学校德育目标顶层设计时要将个人发展需要与社会发展需要有机统一起来。

三、学校德育目标顶层设计要处理好适应性与超越性的关系

适应性是指在确定德育目标时，要适应当前社会发展和人的发展的需要；超越性是指德育目标要超越现实生活提出理想性的要求。比如，面对我国社会主义市场经济的深入发展，社会经济成分、组织形式、就业方式、利益关系和分配方式的日益多样化等现实，必须顶层设计主动性与多样性、广泛性与先进性相结合的学校德育目标体系。

四、学校德育目标顶层设计要处理好整体性、层次性和序列性的关系

德育目标的整体性是指学校德育目标是由相互联系、相互影响的各学段、各年级目标及政治、思想、道德、法纪和心理健康教育等各类目标组成的整体系统。

德育目标的层次性是指同一目标在不同级次学校、班级的德育过程中，具有高低不同的要求，要形成符合学校、班级实际的标准。层次性是各级学校、各学段、各年级德育目标要与相邻层级的目标纵向衔接、横向贯通、螺旋上升。

德育目标的序列性是指把同一目标中不同层次的目标，按其高低的不同要求和顺序形成一个承前启后的序列。层次和序列是密不可分的。层次是形成序列的要素，序列是层次的系统化。①

德育目标从功能上可以分为个体目标和社会目标。个体目标从层次上可以分为基本目标和高级目标，基本目标是帮助学生成为心理健康、有基本德性、人生观健康的人。高级目标是在此基础上，帮助学生成为有正确而坚定的道德和人生信仰的人。社会目标从层次上分为基本目标和高级目标，基本目标就是帮助学生成为遵规守纪、有基本的权利义务意识及社会责任感的公民；高级目标就是在此基础上帮助学生成为有坚定的社会主义信念的人。顶层设计德育目标时必须将各阶段学校目标的整体性、层次性与序列性有机结合起来，发挥系统的整体功能。

案例分享

和成事　慧泽人——现场解析初级中学的德育目标

德·育·现·场

上海市延河中学创建于 1964 年，是一所具有悠久历史和优良传统的公办初级中学，是普陀区首批素质教育实验校。

学校以"智慧地教，成功地学，和谐地成长"为核心办学理念，逐渐形成了自己

---

① 鲁洁,王逢贤.德育新论[M].南京:江苏教育出版社,2002:208.

的"和慧"文化,即"和成事,慧泽人",并将和而不同、与时俱进的"和慧"精神渗透在学校管理、教育教学工作中。学校以"提高质量,形成特色"为引领,以"优化教师教育行为,促进学生自主学习"实践研究为龙头,以优化校本德育机制和深化课堂教学改革为重点,全面实施素质教育。

学校的培养目标是:培养学生成为"人格健全、智力健睿、体格健康、艺文促长"适应社会的"成功者"。

理·性·思·考

没有目标,哪来劲头?
——学校德育工作的目标管理

列夫·托尔斯泰曾说过:"人活着要有生活的目标:一辈子的目标,一个阶段的目标,一年的目标,一个月的目标,一个星期的目标,一天、一小时、一分钟的目标。"可见,目标在我们的生活中是何等重要。如果我们能在工作中重视目标,并利用目标进行管理,便可提高效率,获得满意的成效。

目标管理法是美国的彼得·德鲁克提出用于企业绩效管理、考核管理者对组织的贡献的方法。所谓目标管理,是以确定目标为中心,安排达到目标的程序,制定考核标准并组织实施的一种管理方法,又称成果管理或"标的"管理。

将其借用于学校管理,德育工作中的目标管理就是学校领导根据目标管理理论,结合学校的主客观条件,充分调动学校成员参与的积极性与创造性,共同制订出学校德育发展的总目标,并将目标层层分解,落实到部门与个人,明确各个部门、个人的职责,并以实现目标的绩效来评估和决定部门、个人的贡献和奖励报酬,以实现学校发展的管理过程。

一、目标管理的特征与价值

(一)目标管理的典型特征

学校德育工作中的目标管理具有注重整体观念、关注心理因素和实现民主参与的基本特征。

首先,学校德育工作中的目标管理有一套科学的、完整的目标体系。它着眼于学校组织的整体,通过调动全体师生参与的积极性,确定出学校德育发展的总目标,并通过目的链的方法,将总目标层层分解,形成目标体系。目标体系体现了学校德育活动的方向性、计划性、客观性和可行性。

其次,学校德育工作中的目标管理重视和谐民主,实现师生的自我控制。目标管理是建立在以"Y理论"为核心的人性假设基础上的,强调人主观能动性的发挥,强调在实现组织目标过程中组织成员的自我管理。在这种假设下,管理的方式是和谐、民主的而不是强制的。下级比上级更清楚如何去做自己的工作,愿意而且也能够在工作中发挥自己的才智和创造性,能够对照目标来衡量自己的成就,从而达到自我控制。

再次,学校德育工作中的目标管理强调师生智慧的成果,注重成效。它的最终目的就是实现预定的目标,因此学校管理者对目标实现的具体方式不作硬性限制,而这有利于充分调动师生成员的主动性和创造性。同时,依据分目标的达成情况和所取得成果的大小进行评定与考核,以提高师生的积极性。

(二)学校德育目标管理的价值

首先,实行德育工作的目标管理,可起到定向作用。因为目标将成为全校教师、学生行为的方向,从而提高管理实效。其次,目标管理,具有激励作用,可激发教师、学生的责任感、荣誉感、主动性和创造性,使其自觉参与学校管理。再次,目标管理具有协调作用,能增强学校的凝聚力,使全校个性不同的教师、学生心往一处想,劲往一处使,并用目标这把尺子去检查、衡量自己的行为。最后,目标管理还有反馈作用,通过反馈来及时调整或修正偏离目标轨道的现象,使行为符合目标管理的要求。

二、学校德育目标管理的原则

(一)方向性原则。管理是一种有目的的活动,必须有方向性。我国的教育是社会主义性质的,坚持社会主义方向是学校德育工作目标管理的基本原则。在确定学校德育工作的总目标时,要认真学习和深刻理解党的教育方针,在把握好大方向的前提下,根据学校的办学文化,尤其是学校历史、办学目标、办学理念等确定远、中、近期目标,使个人目标与组织目标、局部目标与总体目标形成一个同向的矢量,通过目标的实现来完成管理。

(二)系统性原则。学校教育是一个多层次、多结构、多因素的系统,是相互联系、相互制约的一个整体。学校在确立各层次目标时必须注意系统性原则,使学校的总体目标由宏观到微观,由笼统到具体,逐层进行分解落实。目标系统在级别上分为总目标和子目标,在性质上分为团体目标和个人目标,在时间上分为远期目标和近期目标,在范围上分为综合目标和单项目标。学校各层次的组织和成员,都要明确并围绕学校的总体目标,面向全局,立足本职,坚持校内外、课内外、各学科之间的合力教育,团结协作,以保证学校整体目标的实现。

(三)教育性原则。教育的管理与其他系统不同,它不仅要通过管理完成一般的工作任务,还要重视教育性。因此,要把目标确定的过程作为思想教育的过程,通过目标的确定,对每一个组织、每一位成员进行党的路线方针政策的教育,对他们进行爱党、爱国和热爱集体的教育。通过思想教育促进他们对目标的认可,并为实现目标而尽职尽责。同时,学校内一切管理人员的思想言行,管理过程中所采取的一系列措施,以及学校环境的设施等,也都要有利于学生的健康成长。

(四)激励性原则。美国心理学家和行为科学家费鲁姆曾提出,选择性行动成果的强度(即员工对某一行动成果的评价或效价)和期望概率(即员工对某一行动成功的可能性的程度或期望值)决定激励力的大小。该理论的数学表达方式为:激励力量＝效价×期望值,其含义为追求目标的强度与目标的价值量和实现目标的期望值都成正比。目标管理的重要目的之一,就是要通过目标管理调动和激励每一个组织、每一位成员的工作积极性。因此,我们在确定目标时,对工作基础、主客观条件以及对实现目标的有利因素和不利因素都要进行认真的分析研究,即根据不同年级、不同班级、不同学生的特点,提出不同的要求,循序渐进,这样才能产生较强的激励力。

(五)衡量性原则。衡量性就是指目标应该是明确的,应该能成为衡量目标是否达成的依据。如果制订的目标没有办法衡量,就无法判断这个目标能否实现,自然也失去了目标管理的意义了。当然,目标要达到明确、具体也不是一件容易的事,在某些方面如果硬性规定数量,目标容易脱离实际。因此,目标的衡量标准可遵循"能量化的量化,不能量化的质化"。对于目标的可衡量性应该首先从数量、质量、时间、师生的满意程度四个方面来进行,如果仍不能进行衡量,可考虑将目标再细化,或将完成目标的工作进行流程化,通过流程化使目标可衡量。

三、学校德育目标管理的推进

为了实现学校的德育目标,就必须加强目标的过程管理。一般包括计划(起始环节)、实施(中心环节)、检查(强化环节)、总结(终结环节)四个环节。这四个环节围绕管理目标的实现,构成一个完整的封闭系统,而每一个过程的完结又是新过程的开始。

(一)针对实际,确立目标。确立目标是实施目标管理的第一阶段,同时也是最重要的阶段。它既具有目的性,又是衡量结果的标准,应该把它贯穿于活动的始终,以保证活动在方向上的一致性和教育上的实效性。

首先,作为德育工作的管理者,要熟知学校的办学文化,尤其是学校历史、办学目标、办学理念,根据学校的长远规划和近期发展战略,分析学校德育工作所面临的环境,在此基础上,提出学校德育发展的一个设想目标。在目标确定的过程中,应该充分调动学校全体成员的积极性、主动性与创造性,群策群力,从而形成为成员所认同的、合理的学校发展目标。

其次,要分解目标,确立下级德育目标。学校德育发展预定目标经过全体成员讨论确定后,就要将总目标分解,确定每个部门、每个年级、每个班级、每个人的目标责任,即形成完整的学校德育目标体系。在商定分目标时要注意:目标不宜太多,必须有重点,有顺序;目标必须尽可能地具体化,使定性目标向定量目标转化,以便测评;目标要有一定的"挑战性",又要有实现的可能性,这样才能起到激励作用。

最后,要制订实施计划,确定目标责任。目标管理要求每一个目标和分目标都要成为履职人的确切责任,即谁对完成这些目标和分目标负责。如果目标责任不清,目标订得再好也难以完成。因此预定目标后,往往需要重新审查现有的学校结构,做出适当的变动,明确职责分工。

（二）人人参与,分层实施。对学生的思想教育是学校每一位教职员工的职责,不仅年级组长、班主任要围绕德育目标,充分利用教育阵地进行品德教育,科任老师也要既教书又育人,把思想教育渗透到学科教学中。同时,后勤人员也应积极改进服务设施,优化环境,密切配合教育活动。

学校德育管理者要有协调周围德育环境的能力,发挥教师、学生的主观能动性,尽可能让每位教师和学生以主人翁的姿态参与目标的落实,使更多的人能在活动中明确自己的位置,帮助他们发挥自己的才能,进一步认识自我、发展自我。

（三）加强管理,辐射成果。过程管理是实施目标管理的核心,确定目标、制订计划后,必须严格执行,发挥好管理各要素的职能,优化目标实施过程的管理。

第一,要克服德育活动的随意性。如果管理不到位,即使有了目标,教育工作的随意性还是会随处可见。为了避免出现这一现象,可采取以下措施:一是注意控制,使学校一切德育活动都能围绕目标来开展,并努力取得实效;二是加强协调,一旦发现有些活动偏离目标,就应及时进行纠正,以确保全校德育活动纳入实施目标的轨道之中。

第二,要充分发挥思想教育阵地的作用。加强目标管理,必须强调思想教育阵地专时专用,并作为考核指标之一,从制度上加以保证。对大队集会、中队主题会、午会及中小队活动都要作明确规定,促进教师认真抓好思想教育工作。同时注意教育形式,寓教育于快乐的活动之中。

第三,各层次的目标责任人要熟知自己的工作职责、工作范围,经常向分管领导汇报自己的工作设想,积极与活动的相关人员沟通,在得到相关支持的同时要充分运用学校赋予的权力,以保障德育活动的顺利开展。

第四,要善抓典型,及时总结交流。目标管理实际上是根据成果进行管理的,因此需要及时检查教育效果,评定成果,改进德育工作。一是向学校广大师生展示德育活动成果,这是成果辐射的外显行为;二是对前一阶段的德育活动进行反思,进一步修正和完善现有的目标。

没有目标,哪来劲头?学校德育工作的目标管理是一种充满智慧的民主化管理,它用目标积极地引导、吸引、激励全体学生和教职工参与管理,以学校主人翁的姿态去落实学校各项德育工作,从而使学生、教师、学校和谐发展,正所谓和成事,慧泽人。"人生的真正欢乐是致力于一个自己认为是伟大的目标"。当然,"向着某一天终于要达到的那个终极目标迈步还不够,还要把每一步骤看成目标,使它作为步骤而起作用",这也许便是目标管理的精髓吧!

顶·层·设·计

以目标管理为体系,全面架构学校德育工作

一、目标与内容

(一)立足现状,找准起点

学生来源于附近的老式社区,是对口就近入学。大部分家庭较关注孩子的成长,能和学校配合共同开展思想品德教育。但随着社区居民结构的不断变化,年轻居民迁出现象严重,人口逐渐老龄化,使得部分学生家庭情况特殊,行为习惯、家庭教育存在着一定的问题,学生自信心、成功感不强;也有相当一部分家庭对子女的教育重智轻德,导致孩子的思想品德、行为习惯等方面存在诸多问题,这也为学校德育工作的开展带来了困难。

针对以上现状,近几年,我们从学校德育工作的开展状况和学生的实际情况出发,围绕"智慧地教,成功地学,和谐地成长"的办学理念,构建了以目标管理为体系的学校德育工作格局,力求激发学生追求成功的内在动机,形成健康自信的人格,以促进学生、教师、学校全面地、有个性地主动和谐发展。

(二)目标导向,激发动机

我们结合学校的办学理念及学生的实际状况,确立了学校德育工作总目标,以及德育育人目标、班集体建设目标、德育队伍建设目标等分目标。

德育工作总目标

德育工作总目标	
以"智慧地教，成功地学，和谐地成长"为核心价值理念，以德育课程建设为核心，以德育队伍建设为保障，紧密联系学生的生活实际，充分挖掘校内外的德育资源，逐步形成"和成事，慧泽人"的德育工作特色，并力求在上海市具有一定的影响力和知名度，成为普陀教育"圈、链、点"战略中的一个亮点。	
德育育人目标	以"四大品性"和"四自原则"为核心的"人格健全"教育，培养学生成为具有诚信心、合作心、感恩心、责任心和行为自律、交往自信、人格自尊、人生自强的人，为其成为具有可持续发展能力的幸福的现代人奠基。
班集体建设目标	在先进的教育思想指导下，从班级实际出发，以班级特色为切入口，以优化班级文化为途径，充分发挥学生主体地位，进行"一班一品"特色班的创建，并逐步形成具有独特的、先进的、稳定的班级风格与突出成果的优秀班集体。
德育队伍建设目标	打造出一支数量充足，结构合理，有较高的师德修养，有扎实的专业基础和复合知识结构，有较强的建班育人能力和研究能力，并能有效促进学校德育特色发展的高素质德育队伍。

（三）分层内容，形成序列

学生的思想道德教育贵在持之以恒。而要建立长效机制，就必须使德育活动的内容分层化、课程化。根据学生发展的要求和学校教育的实际，我们积极进行德育内容的重新整合，加强德育活动的综合设计，力求做到目标多元整合，内容丰富多彩。

德育年段目标　内容	六年级	七年级	八年级	九年级
	适应环境、培养兴趣、养成习惯、形成规范——自律＋习惯	积极尝试、悦纳自我、学会合作、形成方法——自信＋合作	自主发展、完善自我、学会感恩、形成目标——自尊＋感恩	自我定位、适应竞争、学会自强、形成责任——自强＋责任
"修身明理——学生40个好习惯"班级养成教育课程	主动问好、爱惜时间、自觉排队、靠右行走、慢步轻声	专心听讲、积极发言、学会笔记、认真作业、懂得合作	微笑待人、热情待客、举止大方、乐于助人、每天锻炼	仪表端庄、知法懂法、勇担责任、学会质疑、实践创新
	节约水电、爱护公物、集合迅速、语言文明、诚实守信	相信自己、尊重同学、尊敬老师、关心集体、有事请假	孝敬长辈、懂得感恩、文明集会、学会宽容、学做家务	自我保护、乐观向上、学会自强、欣赏他人、保护环境

续表

德育年段目标 内容	六年级 适应环境、培养兴趣、养成习惯、形成规范——自律+习惯	七年级 积极尝试、悦纳自我、学会合作、形成方法——自信+合作	八年级 自主发展、完善自我、学会感恩、形成目标——自尊+感恩	九年级 自我定位、适应竞争、学会自强、形成责任——自强+责任
"生命成长"年级道德教育课程	新环境,新生活/学规范,讲文明/我爱我班	在合作中成长/我和我的伙伴们/自信助我成长	我的青春我做主/做情绪的主人/唱响感恩的歌	自立,人生的基石/我勤奋,我快乐/赢得起,输得起
	我的学习习惯/宽容和自律/诚实守信	学会珍惜/尊重他人/敢于担当	迈好青春第一步/团旗飘飘/异性交往之我见	角色与责任/在人生关键处自强/扬起理想之帆
"仪式教育"团队活动课程	新生军营训练,入学典礼	红领巾换戴仪式,少女成才仪式	入团仪式,十四岁青春营	初三军营训练,毕业典礼
	升旗仪式;少代会仪式;节日、纪念日庆典仪式			
"开心远足"社会实践课程	纺织博物馆、上海野生动物园、公安博物馆、上海儿童博物馆	上海禁毒馆、上海民族文化村、龙华烈士陵园、上海科技馆	鲁迅纪念馆、安亭学农基地、长风公园雷锋像、航海博物馆	东方绿舟、国家安全教育馆、共青森林公园
	新沪小区敬老活动	新宜小区保洁护绿	延长社区挂职锻炼	争当社会志愿者
特色班集体创建	目标定位	实践到位	空间升位	成果立位

二、方法与途径

(一)丰富载体,促进内化

我们认为,在学生思想品德、行为习惯养成的过程中,要让学生不仅知其然,而且知其所以然,从而激发学生道德养成的自觉性。为此,学校为学生品德形成搭建了课内外多元的平台,提供了丰富的训练载体,力争使学生知行统一,以达成学校的德育目标。

1.在学科教学中敦行

学校的一切工作都包含着德育,每一名任课教师都是德育工作者,都应努力使教学过程成为学生高尚的道德生活体验和丰富的人生体验。我们认为,学科德育存在于课程内容、过程、方式、活动之中,它与学科教学是完全同步的。教师要把教材中隐含的固有的育人内容和因素挖掘出来,自然而然地呈现出来,让学生体验到、感受到,从而获得价值认同。

如历史课上,教师利用网络,引领学生纵横古今,借助"资料查阅、动漫展示、故事演讲"学习历史知识,通过组织学生"巧设提问、讨论交流、自主提炼"加深对历史国情和现实国情的了解,感悟历史伟人执着追求的精神风貌。"清朝末期"、"纪念抗日战争胜利60周年"、"纪念红军长征70周年"等专题历史课,让学生在深入浅出中了解历史,在感受"落后就要挨打"那份悲壮的同时,也感受到了中华民族"顽强不屈、自强不息"的可歌可泣的精神,其间渗透的"国情教育、爱国主义教育、民族精神教育"极大地增强了学生的民族责任感和使命感。

在语文活动课上,教师通过电影欣赏和评析,让学生体会和感悟人性的魅力。《可可西里》、《和你在一起》、《辛德勒的名单》、《烛光里的微笑》等中外经典电影的观赏,让学生在情景中产生情感的共鸣,陶冶情操;让学生在感动中,领悟生命可贵、亲情无价、师恩浩荡,从而以情育德、净化心灵、美化行为。

在"丝袜花制作"拓展课上,教师用"丝袜花"的编织技法向学生展示"五星红旗"的制作方法,渗透传统的民族文化教育和爱国主义教育,既培养了审美情趣又升华了爱国情感。

在"礼仪美育"、"学法指导"、"品读国学经典"等校本课程的开设中,学校围绕"修身明理——延河中学学生40个好习惯",提出"规范每一课"。同时,还在教师中开展"我谈好习惯培养"征文活动、"好习惯培养汇报课展示"活动,使每一位学科教师在敦促学生养成良好行为习惯的同时,掌握习惯培养的教育艺术。

2. 在专题教育中强化

学生的外显行为缘于内在的道德情感,因此,关注学生生命成长中的需求,开展道德教育,是提高德育有效性的重要手段。但我们不赞同一味地谈理说教,也不提倡苦行僧式的训练。教育的艺术在于让受教育者始终不觉得自己正在受教育,因此我们倡导以兴趣调动学生品德形成的积极性,把"要求"和"趣练"相结合,充分利用校会、主题班会、十分钟队会、午间微型论坛、年级组大会等专题教育形式,通过游戏、活动、竞赛、绘画、辩论等途径,不断变换形式,促进品德的养成。

如"修身明理——延河中学学生40个好习惯"礼仪养成训练课程,要求学生

"一月一个好习惯"、"一年十个好习惯"、"四年四十个好习惯",用好习惯的养成,成就学生未来的幸福生活。六年级组围绕年级目标,开设了"好习惯风采T型台",年级组老师发动学生搜集每天发生在大家身边的好习惯榜样,并利用班会和年级大会,将榜样们的事迹、点滴做法用图片和文字的形式放到"T型台"上展示,让大家学有榜样。八年级组结合12月的"辩论节",开展了"好习惯学生午间论坛",以习惯培养为主题,探讨培养方法和途径,同时倾听学生内心的矛盾和困惑。

3. 在课外活动中提升

学生思想品德形成的过程是在活动和交往的基础上不断积累起新的品质的过程。这个过程在一定意义上既是道德实践的过程,也是道德再认知的过程。因此,我们通过"仪式教育"、"校园文化活动"、"社会实践"等课外活动,引导学生通过情感体验、实际锻炼、情境熏陶形成良好的道德品质。

我们在实施"仪式教育"团队活动课程时,充分尊重学生的兴趣、爱好,力求激发学生对自身成长的自豪感。如在升旗仪式上开展"晒晒我的好习惯"活动。主持人邀请一些同学上台介绍自己已养成的好习惯,以及是怎么养成的等。通过"写一写"、"晒一晒"、"听一听"、"学一学"等形式,达到交流、总结、反思、互助、提高、养成的目的。

学校根据青少年的特点,创设了丰富多彩的"四月四节"校园文化活动。即三月"学生风采展示节"、四月"一班一品展示月"、五月"校园文化节"、六月"生命教育月"、九月"民族精神教育月"、十月"体育节"、十一月"艺术节"、十二月"辩论月"。我们通过定时、定期实施课程,不断开辟和拓展德育活动的空间,在充分调动学生的积极性、主动性、创造性的同时,使品德教育植入学生的心灵,外显在学生的言行中,潜移默化地塑造学生良好的人格。

此外,我们还将社会实践作为生活德育纳入了学校的必修课,并按课程要求分成"参观类、公益类、探究类、技能类、郊游类、学农学军类"等。在设计课程方案时,我们力求以学生的视角和学生的"生活事件"来呈现课程的教育话题和教育案例,强调课程内容的寓教于乐、情感互动,为学生表达思想感情、进行创造活动创设空间。

如初二年级组结合该年级的德育目标,设计并开展了"我的航海梦"社会实践探究活动。年级组通过设立主题,整合各学科,外出进行探究体验活动,形成了综合性的主题探究课程活动模式:确立探究主题——确定教育目标——任课教师参观——备课——开设相关主题课程——设计探究活动学习单——学生抵达场馆开展探究活动——活动后的小论文评比等。活动中,学生通过"实物参观"、"多媒体影像"、"小组合作自主学习"、"动手实践"等方法进行合作探究。活动后,利用"学生评价表"对学生的活动进行评价。学生在实践中不仅掌握了知识,更学会了遵守秩序、合作共存、明礼诚信、勇于担当。

(二)自主管理,实践创新

自我教育是人进步的内部动力,任何教育最终必须变成受教育者自己的认识、自己的情感、自己的意志、自己的行动。运用自我教育、自主管理的方法进行习惯的培养,更符合青少年的心理要求,更能发挥学生的主观能动性,避免逆反心理的产生。

多年来,学校始终坚持以学生为本,积极探索学生参与学校教育教学管理、参与班集体建设的有效途径,并已形成学校发展中的特色项目。

1. "我当家,我成长"——学生参政部自主实践

"学生参政部"是在校长室的指导下,受学校团委、大队部直接领导的学生团体,是学生参与学校事务管理的主要阵地。近几年,学校一直在探索"学生行为规范的准社会化管理模式",即以"学生参政部"为载体,以"学校管理制"为媒介,进行了"学生自主管理模式"的探索与实践。

学生通过"竞聘上岗"、"就职宣誓"、"课程培训"、"与校长对话"、"参政议政"、"自主管理"、"反思探究"、"互学评价"等步骤,广泛参与学校管理活动,包括"我为校长献妙计"、"我是延河小当家"、"我的活动我做主"等。学生在"自我管理、自我教育、自我完善、自我超越"中,养成了"尊重个性、善于合作、实事求是、独立思考、坚持真理、修正错误"的精神品质。

2. "一班一品创温馨"——特色班集体自主创建

"一班一品"特色班集体是从班级实际出发,以班级特色为切入口,以优化班

级文化为途径,充分发挥学生的主体地位,师生自主创建的个性化班集体。"好习惯"特色班、"爱心天使"特色班、"绿色环保"特色班、"古诗"特色班、"运动健康"特色班等一系列班级,通过"目标定位"、"实践到位"、"空间升位"、"成果立位"四个创建步骤,把各项德育的要求和内容融入到富有趣味的特色活动中,使不同层次、不同性格的学生在相对集中而又各具特色的环境中获得文明礼仪的训练、思想道德的提升,为班集体的建设提供了更为广阔的空间。

(三)特殊关爱,携手共进

学校一直以"关爱工程"为主渠道,以"学会关心"为切入口,推行"志愿者辅导员聘任制",提倡"爱心互助",探索"特殊教育"的有效途径。我们先后开展了以"牵手结对"、"闪光积聚"、"志强班"、"党员责任区"等形式为主的专项活动,通过"榜样示范、自勉自励、爱心放送、激发潜能"等举措,全方位关爱"品德、学习、生活"等方面有困难的学生,把蓝天下的挚爱送给最需要关爱的学生。

(四)家校互动,三位一体

学校注重社区、家庭、学校之间的沟通和交流,将推进"三位一体"建设作为学校与家庭、社区共同发展的共振点,积极探索"校内外和谐发展"的有效渠道,齐心合力对学生进行思想品德教育,为学生健康成长营造良好的大环境。

学校充分利用普陀区"五大学堂"社区教育资源,把学生带进社会大课堂中,促进学生健康成长。我们通过"榜样示范"、"社会体验"、"团队活动"、"才能展示"、"爱心互动"、"多元激励"等具体措施,初步形成了"学校搭台、教师表率、学生主体、社会参与"的社会服务操作方法。各班级先后与"社区居委"、"公交车队"、"敬老院"、"商店超市"、"邮局"、"幼儿园"、"餐饮店"等共建,先后开展了甘泉路街道"蓝天下的至爱"新年万人上街慈善募捐活动;社区合阳敬老院"学雷锋"公益活动;让书本流动起来,共创诚信环境——"图书漂流"等活动,并通过社区负责单位填写的《社会实践情况反馈表》,对社区服务、挂职、参与社会实践活动的学生给予评价。

学校成立"家长委员会",主动请家长参与学校决策、监督学校工作。我们邀请了上海市家庭教育讲师团的专家来学校,免费为本校学生家长及社区其他家长开展一月一次的"家长学校"、"家庭美德"、"健康心理"、"法律保护"、"潜能开发"、"青春期教育"、"考前辅导"等家庭教育讲座,既帮助家长掌握科学育人的方法,又使思想道德教育真正融入家庭教育。

（五）课题引领,科学发展

时代的发展,社会的进步,使当今学生的特点、教师的思想都发生了很大的变化,需要我们加强德育研究,用课题成果带动教师建班育人水平的提升,以提高德育工作的前瞻性,增强德育的科学性和实效性。

三、评价与保障

（一）多元评价,和谐发展

在目标管理中,我们始终不忘"评价"的激励作用。学校着眼于学生的可持续发展,对学生的评价标准重新进行了认真的"推敲和定夺"。

首先,我们立足于学生的特长发展,编写校本学生评价手册《我的储星银行》。我们每学期结合"家长意见反馈"、"社区实践评价"、"师生评价"等多种途径,开展"规范星"、"礼仪星"、"志愿星"、"卫生星"、"写作星"、"智慧星"、"助人星"等的评选。《我的储星银行》学生评价手册充分利用学生在道德行为上向善、向美、向真的天性,通过树立道德榜样,促进学生良好品行的养成,也创设了"学生自我教育、自我激励"的评价氛围,使学生在"发掘潜能、赏识激励、全面提高"的鞭策下,健康成长,走向成功。

其次,我们立足于学生的全面发展,完善了《延河中学综合素质评价实施方案》,制定了"综合素质目标管理",确定了"基本素养"中六项一级指标和二十二项二级指标的具体内容,把"道德育人,和谐发展"的内涵渗透其中,对学生整体素质的提高和个性的健康和谐发展进行了较为科学的量化。同时,每周的"流动红旗"、每学期的"文明示范班"和"特色班"评选活动,让各班既分享收获的喜悦,又分享成功的经验。

（二）全员育人,机制保障

学校从制度建设、工作网络、队伍建设、环境营造等方面着手,加强组织管理,为目标管理创设了保障机制。

1. 全员育人的组织系统

经过长期的德育管理实践,学校已建立起一个完整的、全员育人的组织系统,并制定了各级各部门的《岗位育人的职责》和各年级的《德育工作常规管理制度》、《德育责任人的岗位职责》等,以最优化的德育制度来保障学校德育工作的高效运行。

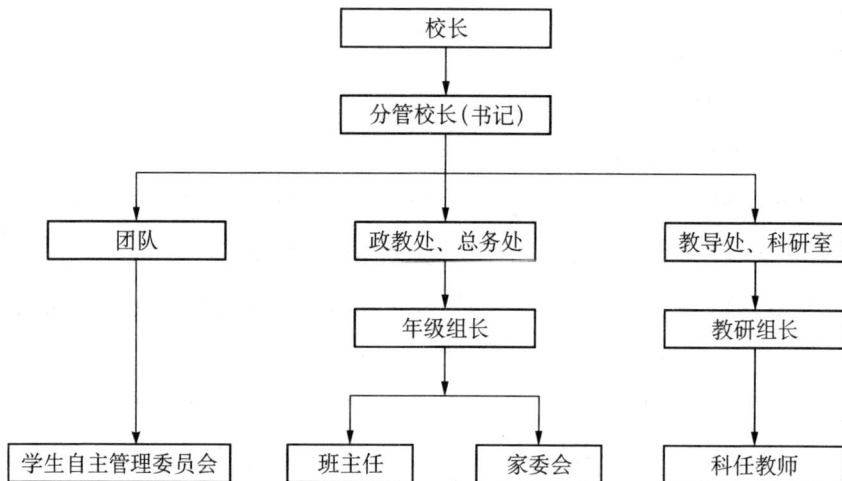

```
                        ┌──────────┐
                        │   校长   │
                        └────┬─────┘
                             │
                    ┌────────┴────────┐
                    │ 分管校长(书记) │
                    └────────┬────────┘
         ┌───────────────────┼───────────────────┐
         ▼                   ▼                   ▼
    ┌────────┐       ┌──────────────┐     ┌──────────────┐
    │  团队  │       │政教处、总务处│     │教导处、科研室│
    └────────┘       └──────┬───────┘     └──────┬───────┘
                            ▼                    ▼
                     ┌──────────┐         ┌──────────┐
                     │ 年级组长 │         │ 教研组长 │
                     └────┬─────┘         └────┬─────┘
    ┌──────────────┐ ┌────┴────┐ ┌────────┐  │
    │学生自主管理委员会│ │ 班主任 │ │ 家委会 │  ▼
    └──────────────┘ └─────────┘ └────────┘ ┌──────────┐
                                            │ 科任教师 │
                                            └──────────┘
```

2. 专业化发展的班主任队伍

班主任队伍是学校德育工作的中坚力量,学校将青年班主任的成长放在重要位置,注重理论学习与专题研讨相结合、技能培养与自主体验相结合。经过多年来不断的摸索和巩固,学校建立了班主任队伍专业化发展的长效机制。

三个结合——注重班主任研修,形成"理论学习与专题研讨相结合"、"技能培养与自主体验相结合"、"常规工作与特色工作相结合"的研修模式。

三个意识——优化班主任行为,确立班集体管理中的"目标化意识、自主化意识、特色化意识",在过程中追求完美、在过程中体现价值。

三个到位——加强班主任考核,使班主任逐步明确了"综合治理责任到位、师生互动和谐到位、常规管理措施到位"的重要性。

3. 温馨和谐的校园环境

我们坚持用优雅温馨的校园环境,增强对学生身心发展的熏陶,坚持用优秀文化增强对学生道德情感的感染,让每一份资源发挥"润物细无声"的教育作用。

学校注重校园"生态环境"的建设。美丽的校园始终展现着愉悦宜人的感染力,树木常青,红花绿草,生机盎然,由学生组织并开展的"健康弯弯腰"、"你丢我捡"、"护绿近卫军"、"红领巾保洁队"等环保活动,为校园增添了一道"美丽的风景"。

学校注重校园"人文环境"的建设。我们围绕学校的办学理念,通过"绿化长廊"、"校训墙"、"特色班级展示墙"、"名人名言文化墙"、"学生风采展示栏"以及教学大楼中醒目的文明语告示,为师生展现了生气勃勃的教育教学动态,营造了一个"真、善、美"的温馨世界。

学校注重校园"舆论环境"的建设。我们对班级黑板报宣传、墙报专栏布置等都有翔实具体的要求。在每个教室的门前,我们还特地设计一个宣传栏,由学生根据本班的特色,自己拟订主题进行布置,为开发学生的创造思维留有开放的空间,为学生的异想天开搭建平台,也让班级成为每一个学生的"温馨教室"。

正如俄国著名的思想家别林斯基所说:"有许多种的教育与发展,而且其中每一种都具有自己的重要性,不过道德教育在它们当中应该首屈一指。"回眸过去,我们欣喜地看到,以目标管理为体系的学校德育工作格局,使学校各部门、各成员自觉地以整体目标来统一思想、统一意志、统一计划、统一步伐,教师的工作变得更主动、更智慧,学生的生命成长变得更积极、更和谐。但我们更清醒地认识到德育工作的艰巨性、长期性。我们将不断思考,继续实践,通过进一步的梳理、研究,形成更稳定和更完善的德育运行机制,形成学校"和成事,慧泽人"的"和慧"文化,让延河中学成为学生、教师幸福人生的源泉。

特·色·德·育

一班一品创温馨,和谐发展促成长

——上海市延河中学特色班集体建设的实践与思考

苏联教育家苏霍姆林斯基曾经说过:"只有创造一个教育人的环境,教育才能收到预期的效果。"学生的终身发展离不开朝夕相处的班集体,那一方乐土是全班学生和谐成长的文化土壤。让我们的学生每天能置身于一个焕发生命活力的温馨集体,激发他们的美好情感,塑造健康人格,彰显个性特长,为他们的终身发展奠定基础,一直是学校班集体建设实践和研究的方向。

在实践中,每一个班级都是学校中相对独立的活动实体,它与其他班级相比,既具有共性,也具有自己的个性,是共性与个性的统一。如果对学校中所有班级工作的要求都是整齐划一的,那就忽略了班级成员的生命潜力,从而出现"千班一面"和"万人一貌"的局面。如何在服从学校班级共性的基础上努力创造出既富有个性,又充满温馨的班集体呢?学校坚持特色班创建的探索实践,从班级实际出发,以班级特色为切入口,以优化班级文化为途径,充分发挥学生主体地位。"一班一品"特色班的创建,能为班集体发展提供广阔的空间,使不同层次、不同性格的学生在相对集中而又各具个性的特色环境中得到发展与培养,从而尽可能地让每一个学生的个性得到充分发挥,潜能得到挖掘,为其一生的发展和幸福奠基。

一、"一班一品"特色班的基本内涵

首先,它是个性化的班级,具有独特的班级目标,独特的活动内容,独特的班级管理,是班集体建设中师生创造性的劳动成果。

其次,班级成员普遍对班级具有向心力和集体荣誉感,它有正确的集体舆论和合作向上的良好氛围,在这个先进的班集体中,师生的心理能很好地相容。

再次,它有稳定的、被全体成员认可的班级奋斗目标,有稳定的传统活动,有稳定的班级文化氛围,并最终能稳定发展,稳定提高,不会因为班主任的更换而改变自己的特色。

"一班一品"特色班的内涵界定是:在先进的教育思想指导下,从班级实际出发,经过较长时间的集体建设和创新实践,形成了独特的、先进的、稳定的班级风格与突出成果的班级。

二、"一班一品"特色班的创建机制

(一)目标定位

目标定位是创建特色班的第一步,也是关键的一步。首先要使班级全员参与,使学生成为创建活动的主体。班主任应和学生共同分析班情,如班级中原有的主流文化和亚文化,班级学生来源的社区环境和家庭环境,学生的构成中具有特长的人物等,在此基础上充分酝酿讨论,最后达成共识,形成目标。如"小先生特色班"的目标定位为责任感培养,是因为这个班级的学生家庭生活条件都相当优越,孩子们养尊处优惯了,缺乏责任感,所以目标定位为学生责任感的培养。

（二）实践到位

实践活动是使理想目标转化为现实建班的中心环节,也是一个不断焕发班集体生命活力的过程。班主任要带领全班同学,共同成为特色创建活动的主人,充分尊重学生、相信学生、依靠学生、发挥学生的积极性和创造性,激发每一个生命体的生命活力。学生在特色活动中,获得了自我表现的机会和主动发展的权利,形成了良好的个性与健全的人格;同时,"生命体"的碰撞互动,使整个班集体充满了活力,对学生具有一种强大的吸引力,进而形成一股源源不断的生命活水。

（三）空间升位

特色班创建的过程是单项突破向整体发展转变的升位过程,是学生生命成长的过程。创建中,可以先在某一方面形成特色,然后以点带面,以核心项目带动全局;也可以使这个项目以螺旋式向上发展、升华,开拓发展空间。如"环保绿色班"从环保知识入手,到创绿色班风,再到创绿色精神、绿色人生,不断提升绿色的内涵,层层递进,步步升华。学生在特色升位的过程中,施展着他们的个性与创造性,以点带面,得到全面发展。

（四）成果立位

成果立位是创建特色班一个周期活动的终结环节。一是向学校广大师生展示创建成果;二是有效地巩固现有成果;三是对前一阶段的创建工作进行反思;四是修订和完善实践活动系统,不断地完善良性循环。在师生共同参与的成果立位中,学生们学会了发现自己、肯定自己,体会到了生命的丰富性和主动性,使陪伴他们共同成长的班集体焕发出生命的活力。

三、"一班一品"特色班的操作策略

班集体建设要着眼于关注学生的生命个体的成长过程,充满人文关怀和体现人文精神,让学生始终感受到成功的自信和喜悦,希望班集体是师生快乐学习和快乐成长的加油站。作为上海市生命教育试点校,我们积极思考和实践如何使"特色班创建"与生命教育相整合,把"特色班创建"作为有效的载体,置于建设"温馨教室"的大框架下。

(一)重视"基本点"

"一班一品"特色班的创建是师生实现共同成长的一方沃土,旨在促进师生共同营造良好的工作环境和学习环境,促进教育生态的均衡发展和师生的共同成长。我们提倡把"教室还给学生":还地位、还角色、还能力、还个性、还活力。这一提倡既体现和呼唤学生的主体精神,也能综合反映教师的"教育思想、教育能力、教育素养、教育风格",表现出教师"精湛、娴熟、巧妙、显效、个性"的教育技艺。

(二)明确"关键点"

充分发挥学生的主体作用、教师的主导作用是"一班一品"特色班创建的关键。师生在和谐发展中体验幸福,这也是每个生命体获得新生的过程,当师生真切地感受到"学校可爱、你我可亲、彼此可信"时,班级就会变成"温馨的家",师生的身心也都会处于活动的最佳状态,从而提高活动的效率。

(三)寻找"结合点"

围绕"温馨教室"的核心要求,在创建过程中推进和落实"两纲",把"一班一品"特色班创建作为载体,梳理清楚彼此的内在关系,师生合力,通过"社会实践、主题教育、班队活动"等途径,优化班级文化,使班集体焕发出生命活力。

(四)找准"切入点"

"一班一品"特色班创建,不能脱离学校和班级文化特色的背景,只有根植于学校和班级文化建设的土壤,特色班创建才不失其意义,才会有生命力和感召力,才能真正实现"空间升位"。

(五)产生"共鸣点"

"一班一品"特色班是师生共同创建的,在共建中共享,在共享中发展,形成师生互动的良性循环及和谐发展。在建设过程中,我们强调:师生力求在"思想上达成共识、情感上产生共鸣、行动上保持一致"。正如巴普洛夫所说:"在我领导的这个集体内,是互助气氛解决一切,我们大家都被联系到一件共同的事业上,每个人都按照他自己的力量和可能性来推动这件共同的事业。"

四、"一班一品"特色班的申报认定

(一)特色申报

参加"一班一品"特色班创建活动的班级于预备年级期末填写申报计划,确定实施方案;初一、初二年级进行特色班创建的实践操作,逐步调整和完善实施方案,并按学期反馈实施效果;初二年级期末,在积累和总结经验的基础上,撰写"一班一品"特色班创建总结,向学校申报特色;初三年级在持续发展中保持特色。

(二)特色认定

"一班一品"特色班的认定需经过三个环节,即班级自荐、小结汇报、成果展示,经学校评定后命名为特色班。从1998年至今,先后有近70个班级申报特色班,经学校审核,认定了35个特色班,从中也产生了一定数量的市、区优秀班集体。

(三)激励保障

凡参加创建特色班活动的班级,在班集体考评时可获得加分,凡被学校认定为特色班的班集体,学校授予奖状及奖金,以资鼓励。"一班一品"特色班创建的成果也作为申报市、区优秀集体的重要依据。

五、"一班一品"特色班的实践花絮

(一)"书香"创温馨

班主任队伍中,有不少是语文教师,他们利用学科和自身的教育资源优势,积极争创"书香特色班"、"诗歌特色班"。有的从"古诗文学习"入手,开展"欣赏、诵读、练习、评论"等系列活动,从中华诗词中汲取传统文化中健康向上的道德精神和人生信念;有的从"现代佳作赏析"入手,开展"生活的准则——美文告诉我"系列活动,让学生从书香中懂得"做人比做学问更重要";有的开展"读书长跑"活动,在让"小小书架进班级"的同时,营造"读书有味、开卷有益;生活有情、人生有梦"的书香氛围,让书香浸润于师生的举手投足之间。

（二）"绿色"创温馨

有的班级发挥班主任是地理教师的优势，争创"环保特色"，在以"环保"为切入口的"绿色行动"中，进行"绿色调频"的师生互动：如"观摩流星雨"的天文纪实论坛、"坐地神游"的导游词演讲比赛；引导学生"感知环境美、保护环境美、珍惜环境美、创造环境美"，由此营造"绿色班风"、"绿色学风"，并且提炼出"蓬勃进取、健康向上、持续发展"的"绿色精神"，为"绿色人生"奠基，不断提升绿色内涵，让学生的生命绽放绿色的希望之光。

（三）"孝心"创温馨

有些班主任老师充分利用"金爱心学生"、"金爱心集体"等资源优势，挖掘社区敬老院的社会资源，开展"夕阳关怀，温馨你我"的认亲结对活动，争创"孝心特色班"。通过"爱心辐射"、"爱心放送"，进行"尊老、敬老、爱老、助老"的班级文化建设。在弘扬中华民族孝心文化和传统美德的同时，也重视加强"生死观"教育，使学生学会思考"社会老龄化"带来的"社会责任感"，激发学生对生命的无限热爱。

"一班一品"特色班的创建，为学生的和谐发展创造了一种宽松的环境，是他们的"一方绿洲"，在这里学生得到了生动活泼的自主发展。同时，这也是每个班主任发挥潜能的舞台，是落实德育核心地位的"前沿阵地"，随着以学生为主体、班主任为主导的特色活动的开展和强化，也有效地促进了教师德育能力的提高和班主任潜能的极大开发。

初中四年的"一班一品"特色班创建的过程中，师生心手相牵、共同成长，同行的这一路，因为有了活泼开朗的学生，教师的脚步才变得欢快轻盈；因为有了乐观豁达的老师，学生才找到了学习的乐趣。

上海市延河中学　叶文婷

专·家·点·评

十八大报告指出，要把立德树人作为教育的根本任务。上海市延河中学在营造学校德育特色时，特别注重德育方法的创新与实践，学校提出的目标管理法是具有实效性的德育方法。

目标管理法源自于企业管理。延河中学在移植这种方法时，不是简单地依葫芦画瓢，一味地照搬，而是在学校德育的实践过程中将它与学校的实际结合在一起，体现出这种方法在学校德育特色创建时的一种创造意义，这种意义主要反映在以下几个方面：

第一，凸显了目标管理法的人本性。这里所谓的人本性就是指以人为本。就学校而言，那就是以学生为本，以教师为本，以这两个主要群体的发展为本。我们可以看到，延河中学的目标管理法特别强调德育的核心理念——为了每一个学生的终身发展，为了每一个教师的专业发展。人本性是我们经常会忽略的一个重要的理念，现代德育必须建立在以人为本的基础上，因为人的生命发展具有构成的周全性和发展的自主性这两个特征。学校德育假如离开了学生和教师这两个群体，离开了这两个群体所体现的生命特征，那么这种管理包括目标管理只能是一纸空文。

第二，凸显了目标管理法的参与性。这一点和第一点人本性有着密切的关联。正因为延河中学把目标管理法定位在以人为本的基础上，所以他们的目标制订并不是领导拍拍脑袋决定的，而是通过发动学生，发动教师，发动学校全体员工共同参与制订的，这种目标的指向并不是领导，而是全体参与者。

第三，凸显了目标管理法的适切性。目标管理法要有依据，要有针对性，这种依据，这种针对性是什么呢？延河中学的目标管理法的适切性主要体现在两个方面：一个是接天线，把党和政府对学校德育的要求，对德育培养目标的要求，作为制订学校德育目标的上位依据。因为离开这样的依据，德育就不能实现它的社会价值和社会意义。二是接地气，把学校德育目标的制订指向学校和学生的需求以及现状的需求。我们可以看到他们的目标制订都是从学生的需求出发，从教师的需求出发，紧紧地贴近学生的生活实际和发展实际，使其目标具有实在性，从而避免了目标总是在天上飞而入不了地的问题。假如说前面接天线是一种目标管理的前瞻性，那接地气就是目标的实在性。

第四，凸显了目标管理的系统性。目标管理的一个重要思想就是顶层设计和整体架构,目标是学校德育整个体系当中具有定向、动力和评价功能的内容。延河中学目标管理法遵循了纵向衔接、横向贯通、分层递进、螺旋上升的原则,从整个学校的教育大格局去进行设计,从学校的全局去架构,使目标管理法体现出很强的系统性。这种系统性避免了德育工作的碎片化和时令性的倾向,避免了学校德育不能取得实效的倾向。只有当学校德育处在一种顶层设计和整体架构的大格局中时,德育才会有实效性和长效性。

第五,凸显了目标管理法的实践性。目标管理法最根本的意义就在于落实,而不是坐而论道、一张空纸。只有把目标管理法建立成一种凝聚力量,并把这种力量化为实践工作时,目标管理法才具有真正的价值。延河中学的目标管理法不仅仅是制定一个框架,还把这种框架作为一种实践的依据和实践的导向,甚至于把这种目标管理看成是一种实践的手册,使目标管理法具备它应有的价值。我们常说德育工作说起来重要,做起来次要,忙起来忘掉,或者说忙起来不要,就是因为我们没有把目标管理法作为一种实践性指向的工作,这就是我们当前德育所存在的弊端之一。要改变这种弊端,就要使我们的目标管理法指向它的实践意义。

最后,凸显了目标管理法的实效性。正因为有以上五个"性",学校在实施目标管理法的过程中能够准确地处理好目标管理法众多功能之间的逻辑关系。比如目标管理法的定向功能、目标管理法的动力功能和目标管理法的评价功能,使这三个功能能够和谐统一,并能够在实践中不断地调整,不断地发展,所以我们可以看到这种方法在延河中学的学校德育工作中起到了很好的作用,而且使我们的德育更具有时代感,更具有感染力,更具有实效性。

总之,延河中学给我们提供了一个学校德育在方式上进行创新的鲜活的经验,这个经验对大多数学校具有借鉴和启迪的作用。我们希望延河中学在此基础上进一步梳理,进一步深化认识,把它真正地打造成为具有高立意,具有前瞻性,具有创新性,具有可操作性的一个品牌。我们期待着!

上海市德育特级教师、上海市"双名"基地领衔人 陈镇虎

第二章
学校德育内容的顶层设计

学校德育内容回答的是德育实施中的"教什么与学什么"的问题。它是德育活动能够发生、展开的起点，是学校德育的根本任务和德育目标得以实现的核心基础。学校德育内容顶层设计要遵循学生品德发展的特点和规律，根据不同年龄阶段的学生达到的水平，由浅入深、由低级到高级安排德育内容，使之序列化。在同一内容上，依据学生的层次区别，提出不同的德育要求，使之层次化，从而真正促进学生思想品德的形成和发展。

第 4 问：学校德育内容该"教什么与学什么"？

简单地说，德育内容指的是教育者用来教育受教育者的资源。根据德育外延与内涵的不同，学校德育内容可以分为政治、思想、道德、法纪和心理健康教育。根据德育各要素的内部结构不同，还可以将政治、思想、道德、法纪和心理健康教育内容进一步分解，如将道德教育内容分解为认知、情感、意志、信念和行为教育内容。根据实现途径不同，学校德育内容可分为课程德育内容、非课程德育内容。课程德育内容可分为显性德育内容、隐性德育内容，还可以分为德育课程德育内容、学科课程德育内容、活动课程德育内容；非德育课程内容又分为班主任、共青团、少先队、学生会、班委会、团支部或其他社团组织的工作内容。根据教育主体不同，德育内容可分为党和国家有关部门确定的德育总内容，学校根据党和国家教育方针及学校自身特点确定的较具体的内容，德育工作者根据前两者的要求以及结合自己对德育目标的理解确定的具有较强操作性的德育内容。

1. 小学德育内容

《小学德育纲要（试行）》规定的德育内容包括十个方面：[①]（1）热爱祖国的教育；（2）热爱中国共产党的教育；（3）热爱人民的教育；（4）热爱集体的教育；（5）热爱劳动、艰苦奋斗的教育；（6）努力学习、热爱科学的教育；（7）文明礼貌、遵守纪律的教育；（8）民主与法制观念的启蒙教育；（9）良好的意志、品格教育；（10）辩证唯物主义观点的启蒙教育。小学德育内容体现了以道德教育为主的特征。

[①] 教育部全国教育普法领导小组办公室编. 中小学常用法律法规选编[M]. 上海：华东师范大学出版社，2007：338 - 339.

2. 中学德育内容

《中学德育纲要(试行)》规定的德育内容分初中与高中两个阶段。① 初中阶段德育内容包括八个方面:(1)爱国主义教育;(2)集体主义教育;(3)社会主义教育;(4)理想教育;(5)道德教育;(6)劳动教育;(7)社会主义民主和遵纪守法教育;(8)良好的个性心理品质教育。高中阶段德育内容包括八个方面:(1)爱国主义教育;(2)集体主义教育;(3)马克思主义常识和社会主义教育;(4)理想教育;(5)道德教育;(6)劳动和社会实践教育;(7)社会主义民主观念和遵纪守法的教育;(8)良好个性心理品质的教育。中学德育内容涵盖了政治意识、思想观点、道德品质、法纪观念、个性心理品质五个维度。初、高中除了以上各系列内容外,还要随着经济、政治形势的发展对德育内容作相应调整和拓展。如:科技道德教育、环境道德教育、经济伦理教育、信息道德教育、合作精神教育、生命健康教育、公民教育、人口伦理教育、国际理解教育等。

问题分解2 德育内容的规定还存在哪些不足之处?

当前,我国对中学德育内容的规定也存在不足之处。主要表现在:

1. 道德教育内容仍然强调不够,缺乏实践体验;

2. 对教育对象的批判和省思能力的培养没有引起足够的重视;

3. 对学生品德发展的规律性没有足够的尊重。

我国的德育内容基本上是以绝对真理的形式来呈现的,这无疑会对学生的价值判断能力和创造性人格的培养起到相当大的抑制作用。这一点需要引起学校和教育工作者们的关注,在德育实践中尽可能地予以补救。令人欣慰的是,国家颁布的小学思想品德与生活(2002)、品德与社会(2002),中学思想品德(2003)、思想政治(2004)等课程的课程标准在强化基本道德教育以及德育内容的生活化,对于学生品德发展规律的把握和尊重等方面已有了长足的进步。②

① 教育部全国教育普法领导小组办公室编. 中小学常用法律法规选编[M]. 上海:华东师范大学出版社,2007:343-345.

② 檀传宝. 德育原理[M]. 北京:北京师范大学出版社,2014:168.

第5问：设计"接地气"的德育内容要遵循哪些原则？

学校德育内容顶层设计要遵循学生品德发展的特点和规律，根据不同年龄阶段的学生达到的水平，由浅入深、由低级到高级安排德育内容，使之序列化。在同一内容上，依据学生的层次区别，提出不同的教育要求，使之层次化，从而真正促进学生思想品德的形成和发展。反之，将会事倍功半或徒劳无功。

具体遵循以下原则：

1. 客观性与主体性相结合的原则

客观性是指学校德育内容顶层设计应符合德育目的、德育目标、德育任务的要求，符合我国政治、经济、文化、社会发展的要求，符合人类进步、科学发展和社会文明发展的要求，符合学生的年龄特点、身心发展和思想道德水平的要求。主体性是指学校德育内容设计不仅要满足学生自身思想道德素质发展的需要，还要满足学生其他素质发展的需要。

客观性是学校德育内容顶层设计的首要原则，如果背离了这一原则，脱离了人类社会发展和人的发展的客观规律和要求，德育内容就会因"无根性"而失去生命力；如果忽视学生的需要，德育便成了教育者的"独白"，德育的实效性就会因主体的缺场而事倍功半。因此，学校德育内容的顶层设计既要遵循德育的客观规律又要尊重学生的主体需求，坚持客观性与主体性的有机统一。

2. 整体性与层次性相结合的原则

整体性是指德育内容体系是一个包括多层级、多维度的整体，具有整体功能的优势；层次性是指不同层级的德育内容及其难度因教育阶段的不同而不同，同一层级的内容及其难度因学生身心发展水平的个体差异而不同。学校德育内容顶层设计坚持整体性与层次性相结合，就是既要考虑各个阶段德育内容的纵向衔接，又要考虑各个阶段德育内容的完整性及层次性。

3. 现实性与超前性相结合的原则

现实性与超前性相结合是指学校德育内容顶层设计既要考虑现实社会、学校、学生的需要，又要适当高于现实社会、学校、学生的需要。如果德育内容的确定不立足于现实社会、学校、学生的实际情况，学校德育就会流于空泛的"说教"，缺乏针对性和实效性；如果德育内容的确定缺乏适当的超前性，仅仅就事论事，学校德育就会失去导向性和预见性。因此，德育内容顶层设计时，一方面要加强对社会、学校、学生的现实情况和存在问题的研究，增强德育的现实生命力；另一方面要结合社会、学校、学生的发展趋势，增强德育应对未来的生命力。

4. 时代性与继承性相结合的原则

时代性与继承性相结合是指学校德育内容顶层设计既要反映社会的时代特点和精神风貌，增强内容的时代感；又要继承和借鉴古今中外学校德育内容中的优秀内容，用全人类最优秀的德育文化成果教育青少年一代。

青少年学生既是时代的弄潮儿又是时代的感知者，学校德育如果缺乏时代性的内容，不能根据时代发展的要求及时地更新或充实内容，就很难被学生接受。同时，学校德育内容顶层设计不是空中建楼，改革开放以来特别是新世纪以来，中华优秀传统文化教育不断加强，取得了显著成效，对于培养学生良好思想品德和行为习惯，培育和弘扬爱国主义精神，增强文化自觉自信等方面发挥了积极作用。但是，面对新形势、新要求，中华优秀传统文化教育还存在不少突出的问题，对中华优秀传统文化教育重要性的认识有待进一步提高，教育内容的系统性、整体性还明显不足，重知识讲授、轻精神内涵阐释的现象还比较普遍，课程和教材体系有待完善，教师队伍整体素质有待提升，全社会共同参与的教育合力有待加强等，有效解决这些问题，迫切需要进一步完善中华优秀传统文化教育。如果不继承和借鉴古今中外学校德育的优秀内容，新的内容体系的构建就是无源之水，无本之木。

5. 稳定性与灵活性相结合的原则

稳定性与灵活性相结合是指学校德育内容顶层设计既要根据党和国家的教育方针、德育目标和学生年龄特征确定相对稳定的内容，又要根据社会形势和学生思想发展变化的实际，灵活地确定某些内容。一方面，人的素质的形成需要一个相对稳定的知识体系,没有稳定的内容,就难以对德育进行科学的计划和安排,出现盲目性和主观随意性;另一方面,学校德育也必须结合社会发展和学生思想的实际变化,紧跟社会热点和学生的思想问题,及时地开展教育,增强德育的针对性。①

---

① 易连云.德育原理[M].武汉:武汉大学出版社,2010:137-138.

第6问：如何进行学校德育内容的顶层设计？

1. 德育内容顶层设计依据社会政治、经济与文化发展的状况

任何社会的德育内容，归根结底是由当时的社会政治经济条件所决定的，反映的是一定社会的政治经济制度对青少年一代在德的方面的要求。一定社会的政治经济制度决定着德育内容的性质，这一点古今中外概莫能外。一般说来，根据德育目的、学校德育目标以及学生身心发展特点和思想道德发展水平确定的学校德育内容是基本的、相对完整的和稳定的。但是由于不同时期国内外形势的不同，党在各个历史时期的中心任务和方针政策也不同，学校德育内容只有相应调整，才能满足社会发展和学生发展的需要。比如，当前我国正处于改革和发展的关键时期，社会情况发生了复杂而深刻的变化，国际国内意识形态领域的矛盾和斗争更加复杂，青少年学生无疑会受到多元价值观、极端个人主义、拜金主义、享乐主义等思想的影响，这对学校德育提出了要更加重视道德观、价值观、人生观、世界观、政治观等教育的新要求。当今社会随着科学技术的进步，各国都面临环境道德及克隆人、试管婴儿、虚拟爱人等伦理问题，这就对学校德育提出了重视环境和科技伦理道德教育的新要求。

2. 德育内容顶层设计依据社会多元文化传统和文化背景

一是学校德育内容要弘扬中国优秀传统文化。要将我的传统美德、民族精神以及社会主义核心价值观等在社会乃至全球进行广泛的宣扬传播，在社会公民心中形成广泛的认知和认同，不断增强我国民族文化的普遍认同意识。需要明确的是，弘扬中国优秀传统文化不是单纯的"复古"，而是要有选择地对我国优秀的文化进行弘扬，与此同时，还需要以开放的思想和行动尊重多种文化的交流，在不断地相互学习和交流之中寻求共同发展。

二是学校德育内容要尊重并认同主流文化。在现实社会生活中，人类往往都有一

定的共同价值观,比如正义公平、诚实守信、敬业友善等,这些文化价值观被人们所认同并得到了广泛的传播。因此,如何寻求到人类普遍认同的价值观也是道德价值的关键所在,这种普遍认同的文化价值观往往可以被称为主流文化,主流文化在社会生活中一般都具备较强的生命力,并承担着重大的社会责任。道德教育也需要承担起进行主流文化教育的责任,让主流文化在社会生活中发挥其应有的积极效应。

在多元文化社会背景之下,德育内容要在弘扬本民族优秀文化的前提下展开,并以开放豁达的胸襟实现多种文化的交流,实现全球民族文化的共同发展。

3. 德育内容顶层设计依据学校德育目标

德育内容是为达到预期的德育目标服务的,因而,德育内容必须服从并服务于德育目标,德育目标是确定德育内容的直接依据。因此,学校德育内容必须根据德育目的、学校德育目标的要求来确定。

4. 德育内容顶层设计依据学生身心发展、品德发展水平和认知能力

教育的对象是学生,确立德育内容必须考虑学生的身心发展水平、品德发展的特点和规律以及学生不同年龄阶段的认知水平。只有遵循学生品德发展的规律和年龄特点,使德育内容的深度和广度与学生品德的"最近发展区"相耦合,才能使德育内容为学生所接受,才能使德育成为发展性的德育。社会的发展变化,也会导致学生的思想状况不同,这就要求德育内容要与时俱进,增强针对性,促进学生品德的发展,提高学校德育的实效。

案例分享

人文素养塑造学生品质　文化德育彰显学校特色

德·育·现·场

上海市嘉定区中光高级中学创办于1945年。近些年来,学校确立了"以文立身、以文益智、以文孕美"的"文化立校"办学理念,关注学生的成长与发展,施以个性化、人文化教育管理模式,逐步形成了"自主发展,人文见长"的办学特色。学校

以"宽基础、厚体验、重技能,培养复合型现代人才"的模块式教学为目标,开展"适合教育",逐步构建出充满人文关怀的校园文化;富有民族特色的课程文化;自主发展,勇于创新的教师文化;张扬个性、展现自我的学生文化;以及"民主与自主、沟通与合作、理解与尊重"的学校人际文化。

理·性·思·考

以文化德育为主线 构建学校德育体系

一、学校文化德育的由来

随着社会的改革与发展,独生子女、网络媒体、多元文化等社会因素对教育的影响越来越大,现行德育内容单薄,缺少文化底蕴;形式单一,缺少有效的德育途径;成效甚微,缺少时代性。三四千个汉字,二三十个明星偶像,几首流行歌曲,一个出国梦,构成了某些中学生的"精神库存",其根本就是文化的缺失。文化德育,就是基于文化的思想道德教育,把"文化"作为德育的一种方法、途径和手段。即充分利用文化中的德育资源,用文化来引领德育,用文化来浸润德育,发挥文化引发、认同、固化、传承的作用,使德育走进人的心灵,走进人的精神,走进人的生命,从而达到"文化润德"、"文化育人"的目的。文化德育模式较之其他德育模式有关注生命、尊重人本的共同之处,更有其"文化载德"、"文化育德"的独特性,能使德育从空洞说教走向文化浸润,从转变式走向建构式,从受教育者外在改变走向内在精神缔造,使学校德育真正走进学生心灵,乃至精神和生命。

二、学校文化德育概念的界定

学校在《国家中长期教育发展规划纲要》、《关于进一步加强和改进未成年人思想道德建设的若干意见》、《上海市学生民族精神教育指导纲要》以及《上海市中小学生命教育指导纲要》等重要文件精神的引领下,结合学校"以文立身、以文益智、以文孕美"的"文化立校"办学理念,确立了以"国家文化、生命文化、科艺文化"为主线的"文化德育"体系。即以"继承革命先烈遗志,增强遵纪守法意识,树立远大理想抱负,弘扬中华民族文化"为主题的国家文化教育;以"点燃热爱生命之火,增强珍惜生命意识,传授保护生命之法,提高社会生存技能"为主题的生命文化教育;以"培养科学创新能力,提高健康审美情趣,激发个性特长潜能,提升科学艺术素养"为主题的科艺文化教育。"文化德育"体系的建立为全校教职员工树立了一个理念、确定了一个主题、营造了一种氛围、提供了一种方法,为全员德育搭建了一个平台。

在"文化德育"理念的引领下,学校确立了高一以行为养成教育为主,培养自律感;高二以实践体验教育为主,培养责任感;高三以理想信念教育为主,培养使命感的分年级德育目标,通过层递式的、丰富多彩的德育活动,潜移默化地促进每一位学生的健康和谐发展,为每一位学生将来成为行为高尚、基础扎实、思维活跃、善于动手、能力较强、心理健康、个性发展的时代所需要的德智体全面发展的建设者打下坚实的基础。

三、学校文化德育的保障机制

(一)校园文化德育环境建设

学校将具有教育内涵的环境建设作为学校文化建设的重要内容,把教育理念、办学特色、育人目标寓于环境中,通过环境文化陶冶性情,培育人格,发挥其教化功能。学校既重视民族优秀文化的传承,又注重人类现代文明的传播,融古典精髓和现代文明于一体,让校园处处体现优秀传统文化的经典品质与现代文化的典雅时尚,形成校园文化场。

(二)德育工作室引领

为了建设一支专业的德育工作者队伍,学校以"专业引领、实践研讨、科学发展"为宗旨,成立德育工作室,通过开展专题培训、经验交流、课题研究等活动,努力提升德育工作者的专业理论和育人能力,打造一支高品德、高素质、高效率和专业化的德育队伍,为进行文化德育建设保驾护航。

(三)师资队伍建设

育人先育师,增强全体教师"人人都是德育工作者"的责任意识,要求每一位教师深入挖掘各学科教学内容中"文化德育"的内涵,将德育工作有效融入日常的教育教学活动中。学校通过教师人文素养培训等形式开展教师教育教学管理方法的培训与经验交流活动;通过班主任论坛、班主任节、青年教师教育发展联合会等活动方式,为班主任、学科教师和其他德育工作者提供交流、学习、借鉴、取长补短的平台,从而推动全校德育工作顺利开展。

（四）家校社区共建理事

学校密切加强学校、家庭、社区和企事业单位的联系,加强学生与家长、社区和企事业单位的沟通联系和相互支持,进一步完善家长督学制度,拓宽家校、社区共建理事会的工作思路,充分挖掘学校周边的优质资源。

四、学校文化德育的实施内容

（一）国家文化教育

1. 目标

国家文化教育的目标是通过弘扬和培育民族精神,帮助学生树立党的观念、国家观念、人民观念和社会主义观念,提高学生的道德素质和促进学生的政治觉醒,增强学生的民族自尊心、自信心和自豪感,把学生培养成具有良好思想品质和道德修养的合格建设者和可靠接班人。

2. 内涵

国家文化教育包括国家观念教育、国情意识教育、国家安全教育、国家自强教育、民族语言教育、民族历史教育、革命传统教育、人文传统教育、社会责任教育、诚信守法教育、平等合作教育、勤奋自强教育等。

3. 实施措施

（1）校内教育

学科教学:在各个学科教学中渗透国家文化教育,同时注重发挥不同学科对国家文化教育的"显性"和"隐性"作用。如语文、政治、历史、地理、体育、音乐、美术等学科通过显性的方式进行渗透,强化学生的国家意识、民族意识,引导学生树立"以天下为己任"的历史责任感和民族自豪感;而数学、物理、化学、生物等学科,则通过引导学生学习古今中外的科学家求真务实、勇攀科学高峰的献身精神和创新精神进行国家文化教育内容的挖掘。

校本课程:以研究型课程、自主拓展课程和限定拓展课程为载体开展德育渗透活动,对学生进行民族文化认同感教育。

主题教育系列课程:充分结合节庆纪念日、重要纪念日和民族传统节日等,通过升旗仪式、法制讲座、安全讲座、嘉定发展史讲座、党团员培训、开学典礼、毕业典礼、年级主题班会等主题教育系列课程,开展树立国家意识、继承和发扬中华民族传统美德等国家文化主题教育活动。

课外活动:开展学礼节、体育节、艺术节、科技节、读书节、社会实践节等活动,开展主题教育活动,通过丰富多彩的文化活动来丰富校园文化生活,如通过艺术节的民族服饰展,体育节的舞龙舞狮活动,感恩节的感恩父母、感恩教师、感恩社会系列活动等,开展国家文化教育活动。

社团活动:在团委的组织管理下,积极开展学生社团活动,如守望者美术社团、民族舞蹈社团、舞龙舞狮社团、茶艺文化社团、开家书吧等限定社团和"大嘴巴"社、鼓乐社等自由社团,通过社团文化节展示国家文化教育的宣传活动。

(2) 校外教育

社会实践:学校结合学生特点和实际情况,组织学生到德育基地进行社会实践,通过学习、访谈、实践、科研等丰富多彩的德育活动,锻炼学生的实践能力,让学生在实践中感受国家文化的内涵。高一年级通过新生入学后的学军活动,开展国防教育,对学生进行纪律教育,团队合作和集体主义精神教育,锻炼学生的革命意志。通过劳技活动,培养劳动观念和对普通劳动者的认同,掌握基本的模型制作(车、钳工)技能。高二年级通过学农活动,磨炼学生的意志,培养学生吃苦耐劳的精神,学习一些基本的劳动技能,了解部分农业和工业生产的基本常识,把书本知识与社会实践结合起来。在寒暑期到街道、居委会挂职锻炼,让学生了解社会、学会沟通、增长才干。高三年级通过到父母单位一日、学联公司做导游、欧尚超市做导购等,来了解父母的职业特点和职业道德,体会到家长的辛苦,学会感恩,并能对自己的高考志愿进行理性思考以及选择。

专题教育:学校充分利用青少年教育基地、公共文化设施、社会服务等丰富的资源,针对各年级的德育目标组织学生参加课外实践活动,开展国家文化教育。

高一年级：重点组织学生参观反映国家优秀传统文化的博物馆、纪念地、公共设施，如鲁迅纪念馆、秋瑾故居等，学习革命先烈的英雄事迹，继承和发扬革命烈士自强自立、爱憎分明、坚持真理、精忠报国的精神。高二年级：重点组织学生饱览祖国的大好河山，体验地方文化，感受建国60多年来国家的繁荣昌盛，从而增强学生的民族自豪感以及责任心。高三年级：重点组织学生参观历史文化馆、爱国主义示范教育基地等，如嘉定孔庙、南京总统府、雨花台烈士陵园等，通过成人仪式、优秀学生红色之旅等活动帮助学生明确人生的奋斗目标，培养刻苦钻研、努力奋斗的优秀品质。

（二）生命文化教育

1. 目标

针对高中生身心发展的特点，通过对学生进行人际交往技巧、对婚姻和家庭的责任意识、运用法律和其他合适的方法保护自己、应对灾难的基本技能、生态伦理以及生存技能的培训，点燃热爱生命之火、增强珍惜生命的意识、传授保护生命之法，关注学生的生命质量以及提高学生的生存技能，为步入社会做好初步准备。

2. 内涵

生命文化教育着重帮助学生学会尊重、理解和关爱他人，能妥善地处理人际交往中的矛盾与冲突，建立良好的人际关系；了解每个人在婚姻、家庭与社会中的权利和义务；学会正确应对性侵犯，培养良好的网络道德素养，远离"黄"、"赌"、"毒"；关心人类生态危机，理解生态伦理，自觉参与环境保护；掌握基本的生活技能，如汽车驾驶模拟、生活工具识别等。

3. 实施措施

（1）校内教育

学科教学：在各个学科教学中渗透生命文化教育，同时注重发挥不同学科对生命文化教育的"显性"和"隐性"作用。如通过生命科学课从物质、能量和信息三方面探讨生命活动的本质；通过体育与健身课学习运动损伤的预防与康复、体育健身的环境选择、救护的基本知识与方法等；通过地理课帮助学生了解人类与赖以生存的环境之间的关系；通过心理健康课指导学生情绪调节、人际交往、生涯规划、学习方法等。而语文、音乐、美术等学科也蕴含着丰富的生命文化教育的内涵,教师结合教学内容对学生进行认识生命、珍惜生命等生命文化教育的渗透。

课外活动:开展狂欢节、感恩节等实践活动,营造积极向上、健康活跃的氛围,激发学生奋进的精神,提高学生的身体能力和组织管理能力,使他们在体验快乐、感受文化生活的同时增强自信心。通过活动准备、比赛以及展示等环节,激发学生奋进的精神,提高学生的自律能力和组织管理能力,也使他们在体验快乐、感受文化生活的同时增强自信心。

社团活动:在团委的组织管理下,积极开展学生社团活动,如心理社团、民族舞蹈社团、合唱社团、舞龙舞狮社团等,通过社团活动渗透生命文化教育,让学生在关爱生命的同时提高生活质量。

校本课程:以研究型课程、自主拓展课程和限定拓展课程为载体开展德育渗透活动。

主题教育系列课程:充分结合节庆纪念日、重要纪念日和民族传统节日,通过升旗仪式、预防艾滋病讲座、法制讲座、心理讲座、消防讲座、年级主题班会等主题教育系列课程,培养学生热爱生命、珍惜生命的责任意识。

心理健康课:各年级通过每两周一课时的心理健康教育教学活动,对学生进行生命与健康、生命与安全、生命与成长、生命与价值、生命与关怀的教育。根据高中学生身心发展的特点,设立了各年级的心理辅导活动课的目标。高一年级掌握高中学习方法、调整身心状态,适应高中生活;高二年级增进自我了解,探索职业生涯规划;高三年级以良好的身心状态应对高考,进行职业生涯选择。通过心理健康课,引导学生认识、感悟生命的意义和价值,培养学生尊重生命、珍惜生命的态度,学会关心自我,关心他人,树立积极的世界观、人生观和价值观,促进学生的全面发展。

(2) 校外教育

学校结合学生特点和实际情况,充分利用各级各类青少年教育活动基地、公共文化设施开展生命文化教育活动,如学农基地、消防队、植物园、敬老院、烈士陵园等。通过组织学生到社区参加艾滋病预防的宣传、到消防基地进行消防实战演练、到敬老院进行慰问演出、学生交通志愿者等活动,让学生在社会实践中感悟生命的意义,增强珍惜生命、保护生命和提高生存技能的意识。

（三）科艺文化教育

1. 目标

通过科学文化教育,培养学生将科学知识运用于日常生活的能力,培养学生的科学精神、科学态度、科学方法、科学能力和良好的行为习惯;通过艺术文化教育,让学生熟悉一定数量的国内外经典艺术(尤其是中华民族传统音乐、戏曲、美术、书法等),提高学生欣赏美、创造美的能力。

2. 内涵

科学文化教育是一种通过现代科技知识及其社会价值的教学,让学生掌握科学概念,学会科学方法,培养科学态度,且懂得如何对现实中的科学与社会问题做出明智的抉择;艺术文化教育指在传授欣赏艺术美、自然美、社会生活美的过程中培养学生感受、鉴赏、创造美的能力。

3. 实施措施

（1）校内教育

学科教学:在各个学科教学中渗透科艺文化教育,同时注重发挥不同学科对科艺文化教育的"显性"和"隐性"作用。

校本课程:以研究型课程、自主拓展课程和限定拓展课程为载体开展德育渗透活动。面向全体学生,以拓展型课程的形式开设,丰富了学生的学习生活,激发了学生的创新潜能。

艺术课程:学校组织音乐和美术教师在高二、高三年级分别开设艺术鉴赏课、艺术与人生,编写校本教材,形成系列教育。

主题教育:充分结合节庆纪念日、重要纪念日和民族传统节日等,通过升旗仪式、专题讲座、年级主题班会、红色经典小故事演讲比赛等主题教育系列课程,进一步开展科艺文化宣传活动。

课外活动:积极开展校园文化主题活动,充分抓住八大文化节,尤其是科技节、体育节、艺术节以及狂欢节，深入开展科艺文化教育及展示活动，通过科艺文化的宣传、展示营造良好的科艺文化教育氛围，丰富校园文化生活，让学生在参与和体验中成长。

社团活动：学校秉承为学生创设更多的实践平台，寓科技创新于活动之中，社团活动以常态化推进，逐步形成特色的理念，以此培养学生的实践能力、合作意识和创新精神。

（2）校外教育

科艺文化教育重在实践，因此学校积极整合社会资源，拓展课程外延，丰富学生的校外生活、培养学生的综合实践能力。

文化德育的优越性就在于通过长期而持久的文化浸润，激发学生内心的道德认识、道德意志和行为规范。文化德育就是自我领悟、体会、反思与践行的过程，从而达到不教而教、无为而治的境界。离开文化谈德育，德育就成为无源之水、无本之论；而离开德育谈文化，文化就会沦为蛮荒之地。德育作为一种高层次的文化教育，应该从文化根基上寻求动力，必须与体现其价值观要求的先进文化融为一体，相伴而行，使受教育者在文化价值观认同的基础上更自觉地接受思想道德教育。

顶·层·设·计
加强学生人文素养培养　提升学校文化德育建设

学校通过对全校学生进行人文素养的问卷调查，发现由于考试压力，学生普遍存在重知识轻技能的现象。注重文化德育建设，加强学生人文素质教育是当前的重点，结合学校的办学理念和办学目标，学校通过调查—实践—研究—总结，积极探寻学生人文素养培育的途径和方法，具体做法如下。

一、校园环境营造人文气息

中华文化需要弘扬、需要传承。学校不仅仅是授业、解惑的平台，更是传承文明的载体。浓郁的儒雅文化气息，充满人文色彩的校园，会以一股强大的力量潜移默化地影响和感染置身于其中的每一个学生,使之怡情、励志、感悟人生。

环境是重要的育人因素,良好的校园环境对人有着潜移默化的熏陶、感化和教育的作用。学校借助新校区校舍改造的契机,在净化、绿化、美化学校环境的基础上,充分营造浓厚的人文气息,挖掘有价值的教育资源。重点加强文化环境的建设,突出人文教育内容,以优秀的传统文化精髓和现代文明典范,营造优质的教育环境,使多元文化在校园共存共融。通过构建充满人文气息的博物馆式的校园文化环境,扩大师生的认知领域,提升师生的人文素养。

走进中光大门,就会感受到浓厚的校园人文气息,中国文化与人文历史、民族文化与人文艺术、汽车文化与汽车革命、建筑文化与现代文明、文化共融与和谐人文五个专题的环境主题文化在校园中随处可见。如:学校广场中央"天方地圆"的绿化布置;教学楼前寓意"桃李满天下"的果树;教学楼正门上寓意师生素养应与学校文化相匹配的"门当户对";雕塑《日晷》,告诫师生们只争朝夕;以石碑、石狮、石牌坊、石门楼以及太湖石、灵璧石、云石等组成的"石文化"在校园中矗立;以"石雕、砖雕、木雕、竹雕"为代表的中国民间"四雕"艺术实物在校园里展现,这些都在向学生进行着树魂立根的人文精神教育。为突出各幢楼的育人功能,宿舍楼的主题以历史文化、科技文化、影视体育艺术文化、地域乡土文化、民族传统文化、饮食文化及民族传统工艺为主;实验楼以经典建筑、国际各类组织、著名高等学府、现代文明礼仪、和谐人文家园等相关文化内容为主;教学楼以人文教育、励志教育、美育为主;行政楼以各朝代的古钱币、青铜器和陶器等历史文物为主;学校外墙面以办学理念、办学特色、育人目标等相关学校文化为主;中国文化博览廊、嘉定法宝教育博物馆、主题文化博物点、班级文化博物场等等,这些环境文化建设无不透出浓厚的校园文化氛围,体现了对各年级学生循序渐进的教育主题,在注重熏陶、净化学生心灵,提升师生文化积淀时,为学生创设了一种浓郁的人文育人环境。这种以优秀的传统文化精髓、富有时代气息的现代文化典范为载体而布置的中光校园文化让中光师生徜徉在中国优秀传统文化、现代时尚文化的海洋里,吮吸着各种文化的精华,感受着文化的魅力,在耳闻目睹中熏陶传承。办公室和教室的文化布置,教师的座右铭席卡,每个教室外挂着为展示班级风采由学生自行创意的班徽、班歌版面等等,这些蕴含着教育内涵的互动的文化布局深刻地影响着师生的个体发展和价值取向,从而形成良好的思想品德和正确的生活方式。

"水本无华,相撞而出涟漪",多元化文化在中光校园中得以共融发展,校园的每一面墙都向学生述说着一种文化,进行着教育的渗透,发挥着德育的功能,整个校园处处洋溢着浓浓的文化情结,这一环境设置倾注了广大教师的教育思想和对学生的深切关爱。

二、学科课程培养人文知识

"无论是义务教育阶段还是高中阶段的语文课程,都必须坚持工具性与人文性的统一,重视课程的人文内涵,重视运用语言文字能力的培养。致力于学生语文素养的全面提高。"这是《上海中学语文课程标准》中关于人文教育的表述,其实除了语文学科,生命科学、历史、实践活动等都提出要加强提升学生科学与人文意识培养的要求。

为此学校努力构建"基础型课程——拓展型课程——研究型课程"的"人文教育"课程体系,挖掘教育内容,重视学生人文知识的获得和人文技能的培养。

1. 基础型课程深入化

教师尊重学生的主体地位,积极探索实施"导学讲义"、"2020"课堂教学模式,激发学生独立思考的能力和创新的意识,让课堂充满生命活力,让学生真正成为学习的主人,课堂的主人。

学校通过音乐、美术、语文、地理、政治、体育等学科教育,强化学生的国家意识、民族意识,引导学生树立"以天下为己任"的历史责任感和民族自豪感;通过数学、物理、化学、生物等学科,教育、引导学生学习古今中外科学家求真务实、勇攀科学高峰的献身精神和创新精神。重点在语文、政治、生命科学、体育与健身、音乐、美术、历史等学科中挖掘德育内容,积极寻找培养学生良好心理品质的切入点,提高学生的生命质量。

艺术课程对学生的人格成长、情感陶冶以及智能提高具有重要价值,为此,学校在各年级开设艺术鉴赏课程,开展艺术与人文素养培养的研究工作。例如:音乐教师通过带领学生欣赏贝多芬的《命运》交响曲,让学生了解了贝多芬在经受了双耳失聪、双目失明的痛苦后，不仅没有放弃生活反而更加发奋创作的成长经历，让学生在欣赏作品中感受作曲者热爱生活、与命运顽强搏斗的精神；通过欣赏《高山流水》、《十面埋伏》、《梁山伯与祝英台》、《思乡曲》、《嘎达梅林》、《二泉映月》等具有鲜明的民族性和强烈的时代感的优秀民族音乐作品，在鲜明的节奏、优美的旋律和美妙音色的熏陶中，增强学生的民族自豪感、激发学生的爱国热情和奋进意识，让他们的心灵深处绽开绚丽的精神文明之花。

2. 拓展型课程丰富化

拓展型课程是为了满足学生不同方面与不同层次的发展需要而开设的功能性课程，它能激发学生的学习兴趣，培养学生自主学习、探究的能力。自2006年以来，学校拓展型课程已开发近100门，形成人文类、技能类、学科拓展类、动手实践类四大发展方向的科目群，形成60多本校本教材。学生可以在多种课程中自主选择，着重加强语言技能、艺术技能、生活实用技能、社会交际技能的培养。通过这些技能的培养，使学生具备较好的适应社会生活的生存能力，为学生今后的发展打好基础。下面是学校部分已经开发实施的拓展型课程：

【人文类】

序号	课程名称	序号	课程名称
01	走进徽州	12	走近京剧
02	中国姓氏文化初探	13	中华古代二十四孝故事
03	揭秘珍珠港事件	14	中国陶器文化初探
04	校园"心灵阳光使者"成长计划	15	可爱的京剧脸谱
05	西方饮食和西餐礼仪文化	16	雅致中国——文房四宝
06	刀剑如梦——金庸的武侠世界	17	中国汽车发展简史
07	东西方文化对比	18	从郑和七下西洋谈中国航海史
08	社交礼仪	19	中国古典园林艺术鉴赏
09	中外武器大观	20	中国古代兵器
10	茶与茶文化	21	中国民俗大观
11	德国文化社团	22	中国传统节日

【科技类】

序号	课程名称	序号	课程名称
01	神奇的数字	03	酸雨与人体健康
02	物理发现之旅	04	生物基因与克隆

【技能类】

序号	课程名称	序号	课程名称
01	舞龙舞狮	07	篮球
02	威风锣鼓	08	刺绣与编织
03	大合唱	09	TI 图形计算器的使用方法
04	日语入门	10	皮影
05	毛衣的编织	11	想畅就唱
06	太极拳	12	钩针

【综合类】

序号	课程名称	序号	课程名称
01	TI 图形计算器的使用方法	04	数码影像
02	家庭理财	05	朗诵与表演
03	应急避险教程	06	建筑艺术

例如：德国文化社团通过国际间文化交流，引导学生树立民族自尊心、自信心、自豪感，让学生的思想道德素质得到显著提升。学生在中德文化交流活动之后，参加交流的学生在接待体会的文章中谈到交流带给自己的各方面改变，尤其在与外国友人接触过程中萌生的民族自豪感和自尊心促使他在接待工作中表现得非常自信。在为外国友人介绍祖国优秀的民族文化和日新月异的城市建筑时，学生深感作为一名中国人的骄傲和自豪。甚至有一位交流学生回国后一直保持着与德国友人的联系，几年来坚持互赠礼物，中德友谊已经在他们的努力下生根开花。在2009年我国60周年国庆之际她萌生了要将阅兵式的光盘作为礼物赠送给德国友人的想法，她说：这是我们国家国力强大的最好体现，我要告诉我的朋

友,我们中国在迅速地壮大,我们中国在不断地发展,我以此为豪。在此过程中我们的学生与德国的学生交流合作、相互学习,感受着我国文化带给德国朋友的震撼,增强了民族自豪感和自尊心,促使学生在中西文化课堂融合的过程中自愿传承优秀的民族精神和民族文化。

社团负责人在德语教学和德国文化社团活动的策划中不断地尝试渗透民族精神教育,积极探索民族精神教育的有效途径和方式,构建了"活动——研究——践行,让学生在课堂中体验感悟民族精神"的教学新模式,在中西方文化融合教育的过程中构建以爱国主义为核心,以国家意识、文化认同、公民人格教育为重点的纵向衔接、学校家庭社会横向沟通、与中华传统美德相承接的民族精神教育的实施体系,增强学生的民族文化认同感。

青春期阶段是学生身心发展、性格完善的关键时期,也是形成正确的世界观、人生观和价值观的关键时期,良好的心理素质是人的全面素质的重要组成部分,是未来人才素质培养中一项十分重要的内容。为此,学校将心理健康教育纳入了学生人文素养培养,开设了全校范围的心理健康限定拓展课以及高一年级的校园"心灵阳光使者"成长计划心理自主拓展课,对学生进行生命与健康、生命与安全、生命与成长、生命与价值和生命与关怀的教育。

心理健康限定拓展课设立的分年级目标:高一以掌握高中学习方法、调整身心状态,适应高中生活为主;高二以增进自我了解、探索职业生涯规划为主;高三以调整身心状态迎接高考、进行职业生涯选择为主。通过心理健康课,引导学生认识、感悟生命的意义和价值,培养学生尊重生命、爱惜生命的态度,学会关心自我、关爱他人,树立积极的世界观、人生观和价值观,促进学生的全面发展。

通过校园"心灵阳光使者"成长计划心理自主拓展课,学生参与高中生常见心理困惑案例分析、观看优秀心理电影、学习基本助人技巧以及策划心理宣传海报等活动,了解校园心灵阳光使者的工作内容,增强团队意识以及团队协作能力;了解中学生容易产生的心理困扰或者心理问题,增强自我心理保健的意识;知道基本的心理咨询技巧,能运用所学的知识及时发现以及帮助身边的同学,给他们的生活增添一缕阳光,从而促进学生个人的身心健康发展。

3. 研究型课程实践化

学校积极组织学生开展研究性学习。例如:影视作品中的优秀音乐、网络语言中存在的问题和规范化研究、运动与健康。学校研究课教师编写了26万字的《多彩中华》民族教育读本,已经印刷成册,形成校本教材。通过研究性学习,让学生学会判断知识、信息的价值,分享研究、创意与成果,形成乐于探究的心理品质与勇于创新的精神,培养善于质疑、自主设计、刻苦钻研的学习态度,提高获取信息的能力、解决问题的能力和交流成果的能力。以下是学校部分研究型课程的课题:

序号	课题名称	指导老师
1	"关于上海小吃'的研究"	吴菊香
2	"江南水乡古镇——朱家角城市发展历史的研究" "街舞对高中生的影响的研究"、"饮食与健康"	姜芳芳
3	"改革开放六十年来中国领导人的重要语录及其领导思想的研究"	王立杰
4	"90后的心理状态"、"星座文化对中学生个性培养的研究"	丁志红
5	"上海小吃"、"中国传统美食"、"电影与生活"	陆雅萍
6	"茶文化"、"濒临灭绝的动物"	黄晰韬
7	"影视歌曲的发展历史的研究"	章蔼然
8	"国内名牌大学校园文化的研究"	艾冬娥
9	"中学生对数码产品的使用情况调查"、"山寨软件对中学生的影响"	金海燕
10	"房屋建筑风格和内部设计的研究"、"吸血鬼文化的起源与影响的研究"、"未解之谜的研究"	徐爱明
11	"走进文化名人"、"上海小吃文化"、"NBA篮球文化队中学生的影响"	徐文娟
12	"中学生心理健康"、"网络游戏"、"中学生影视之调查"	孙立然

三、德育活动培育人文精神

百年大计,教育为本。教书育人,德育为先。《上海市学生民族精神教育指导纲要》中明确规定了高中阶段学生的人文传统教育目标:"了解中国哲学、历史、文学、艺术、教育、民俗等多方面的人文知识、人文思想、人文精神,引导学生构建和谐的人际关系,传承中华民族传统美德,继承中华民族的人文传统。"基于此,学校开发各类德育课程,以提升学生的人文素养。

1. 主题班会系列化

根据《中光高级中学学生人文素养培养实施纲要》,制订年级主题班会的德育目标。在心理教师提供相关教案和参考资料的前提下,班主任根据班级的实际情况修改教案,制作PPT并开展主题活动。活动结束后班主任完善教案,撰写教学后记,并将相关活动资料反馈给心理教师。

中光高级中学年级德育目标及内容		
年级	德育目标	实施内容
高一	目标教育	通过融入集体、感恩教育、行为养成等主题活动,帮助学生以积极的状态迎接高中生活,融入新集体,养成良好的学习和行为习惯,确立学习目标并为之努力奋斗;通过感恩节主题教育活动,增强学生的感恩意识,参与感恩父母、感恩教师、感恩朋友和感恩社会的活动。
高二	体验教育	通过爱心教育、责任心教育等主题活动,培养学生拥有爱心、乐于助人的高尚品质;帮助学生进一步明确自己对个人、家庭以及社会的责任,从而培养学生的责任感。
高三	自强教育	通过诚信教育主题活动、树立信心主题活动,培养学生诚实待人、诚信处事的良好品质;通过考前客观地自我定位、设定目标、调节考前情绪等主题班会,帮助学生了解自我、设立合理目标,充满信心地迎接高考。

结合各种节庆日、纪念日、教育教学活动,进行德育内容的渗透,在潜移默化中促进学生性格的完善、身心健康的发展。对此,学校学生服务部制订了《中光高级中学主题教育实施方案》,将年级主题班会的活动内容与国内外重大纪念日、节假日和学校教育教学活动相结合。如,结合4月份的清明节,通过升旗仪式举行以《纪念革命前辈》为主题的国旗下讲话活动,在带领学生缅怀革命先烈、悼念亲人的同时,更倡议学生珍惜美好生活、珍爱生命。4月份的高一年级、高二年级主题班会分别是《生命如歌教育》和《责任心教育》,教育学生懂得人生总会经历挫折,要树立健康、积极、向上的生活态度,学习正确地对待挫折的方法,勇敢地承担成长中的责任;高三年级则通过观看王国权考前激励讲座,激发学生勇敢地、自信地迎接高考冲刺阶段的挑战,迎接人生中的重要转折点。

学校班级主题班会的开展一方面考虑预设性,即预设学生在近阶段可能出现的问题,通过主题班会提早做好预防工作;另一方面考虑针对性,及时解决班级中出现的问题。每一个班级都有其特殊的一面，而每一位班主任都有其独特的管理经验。班主任根据学校制订的年级德育目标，在开学初制订针对本班的班级系列主题班会实施计划，并根据班级的实际情况进行及时的调整，班级主题班会同样需要撰写教案，部分重点班会撰写详案以及制作配套的 PPT，此外，班主任需要在每学期提交一份比较成功的班级主题班会活动资料。通过系列的班级主题班会，不仅及时解决了班级管理中存在的问题，同时也提高了学生积极参与班级工作，热爱关心集体，勇于展现自我、挑战自我等方面的综合能力。

2. 校园辩论赛展示综合素质

辩论赛是集道德涵养、文化积累、知识结构、逻辑思辨、心理素质、语言艺术、整体默契、仪表仪态为一体的综合素质的较量，有很高的欣赏价值，是学生人文素养的综合体现。为此，在生命关爱中心、学生服务部和团委的组织策划下，学校开展了中光高级中学校园辩论赛，通过赛前辩手的培训、甄选，赛时嘉宾、辩手以及学生观众的积极参与、提问与讨论，锻炼了学生尤其是辩手的综合素质。正如辩手们在总结中提到的一样，辩论赛准备的过程就是一个学习换位思考、学习放弃个人利益而服务于团队的过程，而辩论赛赛场上的唇枪舌剑，则是一段锻炼逻辑思维能力、言语表达能力、心理调节能力、自信心和勇气的心灵和思想成长路程。辩论赛为学生提供了一个提升自我、展现自我的机会，是人文素养综合培养的有效途径。

3. 以丰富的社团活动弘扬民族精神，为人生添彩

学校成立师生民族服饰表演队、男生舞蹈队、女生合唱队、影视协会、中光校报社、模拟汽车驾驶俱乐部、茶文化社、阳光俱乐部等特色社团，让教师和学生在活动中体会到弘扬民族精神和生命教育是他们成长过程中不可缺少的精神食粮。社团学生参加美年达百校风采展示获得二等奖，表演剧《夏地亚娜》获得嘉定艺术月表演一等奖，《共青团员之歌》获得三等奖，《酒歌》获得嘉定区艺术月二等奖。校歌《中兴之光》获得嘉定区校歌创作比赛一等奖。在高三毕业典礼上学校再次回放男生们精彩的舞蹈片段时，参加社团的学生激动地感言，社团活动为他们的人生画上了精彩的一笔，社团活动极大地提高了他们的自信心和意志力，耐挫力

也得到了锻炼,民族自豪感也得到了提升。为此,学校编撰了《活力组合》中光社团纪事一书。

学校的"阳光部落"心理社团的成员积极关注身边同学,及时关注每个同学的成长。社团成员通过宣传海报、校园广播、校园贴吧、校园网等形式开展心理健康知识的普及宣传活动,促使同学们关注自己的身心健康发展,寻求积极的方式认识自我、发展自我。社团成员还运用所学知识帮助身边的同学及时解决心理困惑。经历届社团成员的共同努力,"阳光部落"心理社团荣获"嘉定区优秀社团"、"上海市中小学心理辅导协会优秀心理社团"荣誉称号。

4. 以八大"校园文化节"展现民族文化,为成长搭台

学校积极开展"校园文化巡礼"活动,每年定期举办学礼节、体育节、艺术节、狂欢节、科技节、读书节、感恩节、社会实践节这八大节庆活动,尊重学生兴趣和特长,为每个学生提供张扬生命、展示才华的舞台,在众多的实践经历中体验生命成长的快乐与意义。

学校重视开展传统节庆教育,结合传统节日对学生进行中华民族传统文化、传统美德和革命传统教育,提升学生人文素养。如:在中秋节、端午节等节日,编写节日介绍发给师生,宣传民族文化传统知识;结合重阳节开展孝亲敬老日活动,和嘉定敬老院结对,定期进行慰问活动;结合"11•9消防日"开展安全教育等等。

5. 以心灵对话实现人文关怀,为发展助跑

学校成立了"生命关爱中心",筹建"谈心小屋"、"心语"信箱、"舒心天地"、"释放空间","沙盘王国",开通了心理热线,使"生命关爱中心"成为学生健康成长的心灵驿站。学校通过班主任论坛、教师发展论坛、党员论坛、学生论坛、青年教师发展联合会等交流平台,不断探讨"两纲"教育的意义与方法。实施党员义工制度、家长一日督学制、青年教师义工制度,通过教师入住宿舍与学生交朋友,谈心交流,帮助存在困惑的学生及时调整状态,认清前进目标和发展方向。创设"与校长共进午餐"制度,学生可以和校长共进午餐,零距离接触,面对面谈心交流。

以"爱心助学社"为主体,党团员牵手关爱困难学生,党员教师和青年党校学

生牵手,其中有30多位党团员分别与学校不同层面的困难学生结对,部分青年教师、中层干部分别与学生牵手,每月进行思想交流、学习帮教,激起学生充实自我、超越自我的信心和实现自身价值的勇气。妇女节时,学生自编丝网花赠送给女教师和女职工。在四川汶川和青海玉树地震中,不需要动员,全校师生自发捐款,临时工看到全校师生积极捐款的情景,也奉献出自己的爱心。大家在互相尊重中充分体现出学校的人文气息。

四、社会实践提高人文素质

社区是学校教育有效的补充资源。《上海市学生民族精神教育纲要》指出:"要充分利用社区生命教育资源,发挥社区学院、社区老年大学的作用,提供环保、居家生活设计、人文艺术欣赏、传统艺术欣赏制作和婚姻伦理等教育服务活动。"并且"高中阶段的实践活动要引导学生关心他人、关心社会,主动把知识和技能服务于社区,在社会公共生活中学习生存技能,提高适应社会生活的能力"。学校致力于拓展教育资源,丰富学生人生体验,提升学生人文感悟。

1. 丰富学生社会实践活动,体验成长

学校结合学生特点和实际情况,不断丰富学生的社会实践活动,与学校周边社区实现共建(欧尚超市、消防队、敬老院、博物馆、福利院等),开展教育导航活动,建立学生社会实践基地,组织撰写实践小论文和社会调查报告等,培养学生的学习兴趣,锻炼学生的社会实践能力,提高创新意识。

2. 开展课外专题教育活动,关注成长

学校认真做好学生安全教育工作,与嘉定消防队签订共建协议,聘请消防中队队长担任消防安全辅导员,开展消防宣传主题教育活动,使全体师生员工主动认识、防范身边火灾隐患;聘请嘉城警所所长担任学校法制副校长,聘请自强服务社义工担任禁毒校外辅导员。学校积极开展安全教育、法制教育、国防教育、禁毒教育、青春期教育等生命教育系列专题活动,提升学生的生命意识、公民意识和法制意识,提高学生的生存技能和生命质量,真正做到生命教育寄寓于活动,熏陶于环境。

3. 家校、社区共建,拓宽渠道

社会是开展"人文"教育的广阔天地,因此,学校以社区为依托,协调各方面力量形成合力,发挥家庭教育和社区教育对学生成长的积极作用,努力营造良好的社会育人环境,增强"人文"教育的持久性和有效性。让学生参加"家校共建论坛",发表自己的意见;每天请一位家长担任督学,和学生交流,从家长层面教育引导学生,进一步培养学生的人文素养。充分依托社区的优质资源,组织学生到汇龙潭社区海军军医单培佳、援藏干部单杰、参加淮海战役的老军人钱财庆家慰问等,通过共建,培养学生良好的人文素养。

五、呈现校园文化德育特色

1. 构建"人文素养"教育整体框架

在学科教学的主阵地以外,学校建立以自主管理(学生自主管理委员会、师生文明监督岗、学生校长助理、师生志愿者服务队等)、成长导航(学生业余团校、青年学生党校、双学小组、心理协会、仪式教育、书信教育、青年教师教育发展联合会等校本教育)以及健康发展(校园八大文化节、主题教育、社团活动、心理健康课程、校内教育教学督导、星光榜校园十大美德少年等荣誉教育)为主要内容的"人文"教育框架,使校园文化节成为弘扬正气、鞭挞落后的管理平台,优化校园人文环境,形成富有生活意义和生命价值的课程文化,让学生的生命在活动中绽放青春活力。

2. 创新教育元素,落实"人文教育"

学校建立《师生人文素质培养纲要》,积极开展"教师走进经典"人文素质培训活动。以"支部建在连队"的党员义工制度为载体,把德育做进学生宿舍。以"党员谈心"制度、"中光家书"等活动架起师生沟通之桥。以"中光论坛"为载体,创新教育方式。建立"家长督学"制度,成立"社区、家校共建理事会",开设"家校论坛",通过谈心谈话潜移默化地提高学生人文素养,提升家庭教育品质。

3. 形成校园人文精品项目

所谓"精品化"是指树立精品意识,实施精品战略,努力创造出更多的适应师生精神需求的,思想性和艺术性相统一的,具有强烈吸引力、感染力的,深受广大师生欢迎的优秀校园文化活动。经过几年的培育与筛选,现已形成一批具有中光特色的精品项目:师生民族服饰表演队、舞龙舞狮表演队、威风锣鼓队;生命关爱中心在区心理健康教育中已有一定的示范作用;学校有关民族文化和人文教育校本教材的书籍已编写出版;学生社团活动已经集结成册,从而让学生从课堂走向更广阔的空间,进而发展综合能力、提高人文素养。在活动中拓宽学生的知识面,将学生培养成知书达礼、团结友爱、道德自律、开拓创新、坚韧不拔、明辨是非的中光学生。

4. 完善文化建设,提升人文气质

学校不但注重自然环境(如学校布局、学校建筑、学校生态等)的布置,而且关注师生的心理环境(如学校制度、核心价值、校纪校风、人际关系、学校传统等)的建设,校园处处营造出一种育人氛围,对师生人文素养的提高和心理的发展起着潜移默化的作用,从而形成了强大的凝聚力和共同的价值观及行为模式,提升了师生的人文素养。

特·色·德·育·(一)
建立家长督学制度 实现社区家校教育共建

一、建立家长督学制度,提高家庭指导满意度

学校本着开门办学的初衷,从 2007 学年开始实行家长督学制度,全面落实"七个一"工程。这一制度与传统意义上的家长义工的区别是,家长要和学校教师一样进行一天的教育教学工作,而不是简单地完成几件事。"七个一"工程具体是指:至少听一节课,与一位教师谈话,与一位学生谈心,与一位学校行政干部交流,参与学校午餐管理,参观检查学校的校舍安全,给学校提一个合理化的意见或建议。学校精心设计每一个环节,为家长提供方便,同时将家长指导工作的重心下移,由心理教师全面负责接待工作,并利用这一契机,由心理教师对家庭教育进行个别咨询。家长们通过一天的校内环境和课堂督学后,基本能站在学校教育管理者的角度去理解体谅教育教学工作的难处,学校领导也能在和督学家长的交流中得到合理的意见和建议,获得更好的办学启发。这是一种双赢行为,家长赢得了科学的家庭教育方法,学校赢得了家长的理解,教育教学工作得以更有效地开展。

为了提高家长督学工作的有效性,2008学年,学校将每天的家长督学由一人增至两人,使家长不但可以从学校得到指导,还可以实现家长间的互助。两位家长督学来自同一个班级,由班主任负责推荐,班主任可以推荐安排不同家庭教育能力的家长,便于家长之间的交流和指导,也可以安排家庭教育方面存在相同问题的家长,便于家长之间的探讨以及学校相关教师的共同辅导。

在家长督学人员的选择上进行创新,由原来的家长报名改为邀请,指导帮助他们树立正确的家庭教育方法,共同处理一些疑难问题,让这些家庭也能快乐幸福。联系多了,感情深了,家长自然会配合学校进行家庭教育,也会减少对学校的不满,进一步认可学校。通过家长的宣传,学校的声誉提高了,学生改变了,家长更配合了,这是一种良性循环。

二、创新家校共建论坛内容,提高家教指导实效性

构建家校合作学习团队、定期研讨家教策略、提高家教的艺术性、破解家教难题、优化家庭教育是亟待研究的课题,学校通过家校共建论坛使家庭教育方法多元化,这与传统的家长学校有较大的区别。学校每学年举办一至两次家校论坛,邀请学生代表、家长代表、家委会成员以及家校、社区共建理事会成员参加,结合家长督学的意见和建议,就学校教育教学工作和由现代社会问题引发的学生普遍存在的问题展开讨论,征集各方意见,完善学校的教育教学体系,培养学生的道德品质。会上学生代表谈各自的困惑和对家长的意见,家长代表谈各自的体会和感想,社区代表从教育外交流看法,心理教师从专业角度给出建议,专家进行点拨,大家在一起共同探讨家庭教育热点问题,寻求最佳解决方法,收效事半功倍。

在社区、家校共建理事会成员的共同参与下,学校每年都举办"家校论坛"。家长代表就在教育孩子的过程中存在的困惑和问题进行交流;学生代表就自己的经历,谈论了自己的家庭教育中成功的地方和失败的地方,并道出了作为青春期的学生需要怎样的"家庭沟通方式"的心声;教师代表则就自己班级里的成功案例与全体与会人员进行分享;心理健康教师就以上问题和困惑从心理学方面进行分析和指导;区家委会主任、教师进修学院德研室领导则分别从家庭教育、学生心理

健康、人格培养等角度谈论各自的观点。

为了使家校论坛更有针对性,提高家教指导工作的有效性,学校完善家校论坛制度,变校级论坛为年级组层面的论坛,各年级组长根据年级组学生家庭教育存在的问题,自主策划论坛方案并组织论坛活动。高一年级开展了"家有逆反孩子"论坛,高二年级开展了"家有早恋孩子"论坛,高三年级开展了"如何对待高考孩子"论坛。其中高三年级组组织开展了以"高三如何正确面对高考"为主题的家校共建论坛,会上高三学生代表谈了各自学习生活上的困惑,对家长提出自己的想法;针对孩子的困惑,学校家委会主任用7条忠告来一一作出解答,同时也呼吁家长应该理解体谅孩子的心情,加强父母、孩子、老师三方之间的沟通了解,建议家长不给孩子太多的压力,不以成绩论成败,而是应该和孩子一起分析成绩,找出不足,规划目标。论坛还邀请往届高三毕业生且已经考入大学的学生和家长代表谈了各自的体会和感想,并由学校心理教师就如何正确面对高考,给家长和学生提出了建议。论坛的开设不但为学生指出问题所在,而且提出了化解问题的对策,对家长也有一定的指导作用,同时也提升了教师的育德能力。

"家校论坛"能够促进家长道德文化素养的提升,帮助改进家庭教育的方法;可以改变部分学生的学习和生活习惯,提升学生的人文素养;可以使家庭教育工作更加科学化、社会化,家长和学生通过平等的交流和沟通,能更好地相互理解和支持,从而为学生的健康成长创造了良好环境,提升教育的整体效应。

三、建立家校社区共建理事会,提高社会认可度

现代学校教育不但要有家庭参与,而且要有社区参与。学校成立了家校社区共建理事会,成员分别为学校周边政府机关、企事业单位、社区等代表,让社会参与到学校的教育教学管理中,同时学校也积极整合周边企事业单位和社区资源为学生、家长服务,进一步提高教育的公信度。

学校坚持主动将校报校刊通过邮寄的方式送至各成员单位,让他们了解学校,了解教育。每年的工作计划、工作总结和校长的述职报告总是先以文字的形式送到各单位,然后集体或逐个听取意见,及时修改。学校的各级各类大型活动,如:学校的八大文化节——学礼节、感恩节、读书节、体育节、社会实践节、艺术狂

欢节、科技节、课外实践节也邀请各成员单位和家长参加,甚至一起登台表演,提高学校活动的知晓率。同时理事单位也将一些与学校发展有关的信息传递给学校,如:嘉定博物馆将馆内的每期报纸和新的活动信息及时提供给学校,邀请学生参观,并且选派优秀讲解员到学校为学生开设嘉定人文历史讲座,邀请全校师生参观嘉定竹刻博物馆,了解嘉定竹刻和嘉定玉石的历史,提高学生的民族认同感和使命感,提升学生的人文素养,学校也组织部分学生参加博物馆的志愿者招募活动,为学生的全面发展提供舞台;嘉定消防队的教官免费为学校训练国旗班,讲解消防安全,演示消防用具,而学校每年也组织学生到消防队进行慰问和文艺会演。与此同时,学校也通过各理事单位为学生提供社会实践平台,提高学生的综合实践能力,每年暑期学生干部到居委会挂职担任居委会主任助理,锻炼能力。应社区需要,心理教师到居委会为老年人做"最美不过夕阳红"心理讲座。学校安排高二学生暑期到欧尚超市实习,提供职前岗位培训;为嘉定福利院老人送温暖,为社区老人慰问演出等等。通过与理事单位各成员之间的密切联系,学生得到了锻炼,家长得到了指导,学校得到了理解,从而让社会认可教育,体谅教育的难处,减少了社会对教育的意见和矛盾,进而为学校宣传,推动学校向更高层次发展。

学校创建家长督学制度能够给家长更广泛的参与学校教育教学和行政管理的空间,得到家长的理解支持,并积极主动地配合学校工作,形成家庭教育与学校教育的合力,实现家校资源的积极开发和共享。"家长督学制度"通过数年的实践收效明显,在学校的公信度和满意度的提高等方面都发挥了显著的作用。

(1)发掘和运用家长中的人力资源参与学校管理,丰富了学校的教育元素,能为学生的成长提供更好的环境和条件,不少家长自愿为学校开设校本课程,担任校外辅导教师,甚至愿意凭借自己的一技之长参与学校教学工作。

(2)由于学生家长来自各行各业,他们都有着各自不同的知识背景和价值取向,站在教育之外看教育,站在学校之外看学校,往往独具慧眼,独辟蹊径,能提出许多很有建设性的意见和建议,如:学校食堂的管理、安全隐患问题的杜绝等,非常有利于学校工作的改进,有利于教育的改革和学校办学水平、办学质量的提高。

(3)学校创办这一制度满足了广大家长和各界人士关心教育、支持教育的美好愿望,既加强了家校间的合作交流,密切了良好的家校、社校共建关系,同时又为共同探讨教育提供了良好的载体。

(4)有助于提高学校教育的公信度。学校在推行家长督学制度后,让家长督学参与每年一度的高三推优和三好学生评选工作,不仅提高工作的公正性、公平性、透明性,也大大提高了学生和家长对学校办学的满意度。通过家长督学制度的实施,家长变得更理解和支持学校了,愿意为学校教育出谋划策。

(5)社区、家校共建理事会的成立,更有利于积极发挥社区教育资源,赢得社区、家庭的支持,形成教育的合力,开展教育共建事业。学校协同汇龙潭居委会组织形式多样的活动,参加社区的纳凉晚会,为社区老人举办"最美不过夕阳红"的老年心理讲座,参加欧尚社会实践等活动,积极引导家庭和社会培养学生健康的生活习惯、与人和睦相处的技能和积极的生活态度,为学生的可持续发展打好基础。

特·色·德·育·(二)

构建心理健康教育网络　促进学生身心健康发展

一、完善心育机制,铺设心灵放飞之路

学校成立以校长为组长的心理健康教育工作领导小组,创建生命关爱中心,招聘国家二级咨询师担任专职的心理健康教师,组建心理卫生健康教研组,聘请区德研室专家和上海市特级教师指导工作,建立"校——学生服务部——年级组——班级"四级管理网络,努力做到管理落实、组织落实、责任落实。学校选送德育主任与优秀班主任参加国家二级心理咨询师培训,培养具有专业素质和能力的兼职心理教师,加强心理卫生健康教研组的力量。

为保证心理健康教育工作的有效开展,根据每学期心理健康教育的需要,学校将心理健康教育所需经费列入常规性工作经费支出项目,用于心理健康教育设施设备的添置、专职教师的专业发展以及心理健康教育相关活动的开展等。

积极支持心理教师参与各种培训及研讨活动,以班主任论坛、青年教师教育发展联合会、教师心理健康工作坊、心理辅导活动课大赛等活动为载体,定期邀请外聘专家或由本校心理老师开展培训,增强教师重视学生的心理健康、科学认识青春期阶段高中生心理特点的意识,促进教师个体的心理健康发展,提高教师在教育教学中运用心理学知识的能力。

学校启动"快乐生涯"教师心理健康校园阳光行动,开展教师心理健康培训,希望通过一系列的活动和培训,帮助教师舒缓心理压力,消除职业倦怠,培养团队合作精神,提升教师的专业素养。

二、创造良好的心育环境,营造浓厚的心育氛围

（一）建立功能齐全的生命关爱中心

学校的心理辅导中心取名为生命关爱中心,建筑面积260多平方米,投资20多万元,设有教师办公室、心理辅导活动室、沙盘室、放松室、宣泄室、个别咨询室等,并建立了相关的生命关爱中心管理制度。生命关爱中心在工作日面向全校师生及家长开放,通过"预约——咨询"的方式开展咨询工作。

（二）组建"阳光部落"心理社团

学校组建了"阳光部落"心理社团,社团成员通过自主管理的模式,设立了秘书部和宣传部,定期开展心理卫生健康知识的宣传工作。

为了提高社团成员的助人能力,心理教师开设校园"阳光使者"成长计划校本心理拓展课程,通过每周两课时的社团活动,给社团成员讲解青春期心理特点及容易产生的心理困扰、观看优秀心理电影、收集具有一定启发作用的心理故事等,努力使社团成员成为校园的心灵阳光使者,能运用所学的知识及时发现以及帮助身边的同学。通过培训,社团成员积极关注身边的同学,及时把一些学生的特殊情况告知心理教师,从而避免了一些意外事故的发生。

三、开展心育活动,点燃熊熊心灵圣火

（一）心理启航教育

学校将心理启航教育纳入高一新生报到入学教育活动之中,通过开展"新生活新起点"讲座、学习新生入学教育手册中的"心理篇"、观看心理视频材料、班主任开展团体心理辅导游戏等,帮助学生打开心扉,建立良好的师生和生生关系,以

崭新的姿态去迎接新的挑战,促进学生更快地适应高中的学习生活。

(二)抓住心育主阵地——课堂

1. 心理健康课

学校最初采取高一开设心理辅导活动课,高二、高三以阶段性心理讲座及心理主题班会的方式开展心理健康课堂教学工作。随着教师、学生及家长对心理健康的重视,学校在高一至高三普设分班心理健康课,确保每班每月两课时的心理健康教育教学活动。

根据高中学生身心发展的特点,心理教师制订了《中光高级中学心理健康课程规划》,通过模块教学方式开展心理健康教育活动,内容涉及学习管理篇、人际关系篇、自我探索篇、情绪辅导篇、青春辅导篇、性格分析篇、高考心理篇等。

心理教师在高三年级开设了每两周一节的生涯导航课,组织高三学生开展促进自我了解、自我发展的活动,指导生涯规划的方法,探索促进高三学生合理地进行志愿填报、生涯规划等的方法。

2. 年级心理讲座

除了常规的心理健康教育活动,根据年级学生的学习和心理状况,由心理教师或外请专家不定期地开展心理讲座,如高一年级的"习惯的力量"、"自我认识情绪交往"讲座;高二年级的"莫让爱情之舟过早靠岸"、"请保护自己——预防艾滋病"讲座;高三年级的"如何在冲刺阶段备战高考"及"从容走向六月天"等专题讲座。

3. 心理主题班会

学校每月开设一节心理主题班会,由心理教师确定班会主题,班主任有意识地运用心理辅导的理念、技巧和方法,将心理教育、思想教育与行为教育糅合在一起,开展心理辅导与德育专题教育有机结合的探索与实践。

(三)细致地开展心理咨询工作

高一新生入学后,心理教师通过心理测量软件平台,组织学生建立个人心理档案,心理档案的内容包括学生的家庭地址、联系电话、父母工作状况与婚姻状况,对家庭氛围的评价,并组织学生完成性格测试、意志力品质测试以及新生适应状况测试,以了解学生的家庭情况、性格特点和学校适应状况。学校制订了《中光高级中学心理危机干预措施》。心理个别咨询工作通过学生主动预约、班主任或任课教师预约、家长预约以及心理教师主动预约四种形式开展。对于特殊问题学生,心理健康教育工作领导小组邀请小组成员、学生家长、相关学生班主任、年级组长和任课教师,通过会议形式共同商讨辅导方案。心理教师为来访者建立心理档案,详细记录来访者的问题以及辅导老师的分析、建议,并予以严格的保密。

（四）把握心育活动的大后方——家庭

学校每学期都会邀请家长参加开学典礼、感恩节、艺术节等大型活动;通过家长会,定期对家长进行心理健康知识培训,向家长传授孩子身心发展的常识,使家长既关心子女的身体健康,也重视孩子的心理健康。

此外,学校通过分年级开设家校论坛,邀请学生家长代表、学生代表、年级组长、班主任、心理教师和德育专家、社区代表及学校心理健康教育工作领导小组成员共同参与,探讨有效的家庭教育方法。

学校通过推行"家长督学制度"、成立"社区、家校共建理事会",每天安排至少一位家长参加学校"七个一"工作:①检查广播操;②与任课教师交流或听课;③检查校园宿舍、食堂卫生;④参加学生的午餐管理;⑤与学生交流,了解其他学生对学校教育教学管理制度的认识;⑥与学校中层以上的领导交流;⑦整理一天见闻,并填写家长督学日志,为学校教育教学工作提出建议。心理教师全面负责"家长督学"工作,充分利用这一契机,与家长沟通学校教育、家庭教育、学生心理等各方面的问题,并探讨可以采取的对策方法,使家庭教育指导工作细致化。

（五）拓展心育活动的练兵场——社区

学校充分利用社区生活环境,使之服务于学校德育。社区内良好的环境是学生心理健康教育的重要资源。节假日,学校组织学生参加汇龙潭等社区活动的组织与策划、在社区居委会任职锻炼、在社区开展预防艾滋病宣传活动、为社区老人举办"最美不过夕阳红"的老年心理讲座等。学生们认真负责的态度获得了社区居委会干部的一致好评,而他们也在丰富多彩的活动中获得了能力的锻炼,增强了自信心。

心理教师积极参加心理活动,担任了区妇联心理咨询师志愿者,为嘉定镇街道社工开展心理知识培训、为嘉定镇街道贫困家庭子女开设心理讲座和咨询。在工作中,心理教师也充分调动社工资源,共同合作开展学生的心理咨询工作,探索家、校、社区共同促进学生心理健康的途径。

四、科研引领,拓宽和推进心理健康教育工作

心理健康教育工作的有效性离不开教育科研的引领。学校教师积极开展心理健康教育科研活动,先后有校级课题《心理健康教育与学生人文素养的培养》、《主题班会系列教育与学生人文素养的培养》;区级重点课题《在学校文化建设过程中,培养学生人文素养的实践性研究》、《普通高中构建学生发展指导制度的实践与研究》;市级课题《普通高中学生学习困难干预方法研究——基于积极心理学的校本分析》,并荣获第五届上海市中小幼儿心理健康教育优秀科研成果三等奖。

学校参加教育部基础二司下文委托华东师范大学承担的《普通高中学生发展指导》国家级课题,成为该课题的全国 37 所实验学校之一,并根据学校的“十二五”发展规划,拓宽研究内容为学业指导、品德指导、健康指导、生涯指导等八个专项指导,希望进一步拓宽和推进学校的心理健康教育工作。

在完善的心育机制保障下,学校创设了良好的心育环境,通过丰富多彩的心育活动,开展心理健康知识的宣传普及工作,学生、家长以及教师的心理保健意识得以增强。学生能够正确地对待成长过程中的心理困惑,能主动预约心理咨询,改变了以往主要由班主任推荐的情况;家长逐渐树立了正确的家庭教育观念,在家庭教育等方面碰到困惑时,也能主动联系心理教师开展家校合作的心理辅导工作,更加有效地配合学校的教育教学工作;学校教师,尤其是班主任以及青年教师,通过培训增强了科学地运用心理学知识以及教育理念,提高了教育教学能力,并能够开展简单的心理个案辅导工作;由于心理健康教育工作对周边社区的辐射作用,学校的工作在很大程度上也获得了社区和相关理事单位的支持,为学校提供了更为丰富的学生社会实践的基地。

五、展望未来,寻找心理健康教育的突破口

心理卫生健康教研组教师着手编写校本教案集,希望通过系统的心理健康课程体系,引导学生在传承"朴实、精进、致知、力行"的中光校训和"勤奋好学,求实进取"的学风中,培养他们珍惜生命、尊重生命、热爱生命的态度,提高生存技能,进一步培养学生良好的心理品质,促进学生的身心健康发展,促进学生社会化的实现。

心理健康教育是一项系统工程,在现有的学校、家庭、社区"三位一体"的心育网络中,我们将不断创新、完善心理健康教育工作的思路、内容、途径与模式,整合各方资源,逐步完善心理健康教育,使之课程化、课题化和专业化。

上海市嘉定区中光高级中学　顾秋萍

专·家·点·评

上海市嘉定区中光高级中学是一所具有近70年历史的老学校,学校的命名寄寓了"中国光复"、"中兴之光"的爱国深意。学校在继承老校文化底蕴的基础上,在现代先进办学思想的引领下,确立了"以文立身、以文益智、以文孕美"的文化立校的办学理念,构建了以"国家文化、生命文化、科艺文化"为主线的"文化德育"体系,从而形成了学校德育的整体框架,真正实现了全员德育,有效促进了学生的全面发展。

学校文化德育遵循了市教委"两纲"教育的精神,将"文化德育"融入了三类课程的各科教育,充分发挥了学科德育的主渠道作用。学校又以校园文化德育环境建设、德育工作室引领、师资队伍建设、家校社区共建等四项工作为校园文化德育的保障机制,因此,学校文化德育的实施是扎实有力的。从学科课程的开设、德育活动及社会实践活动的设计来看,学校文化德育的实践是丰富多彩的。这为其他学校的德育工作提供了很好的思路和借鉴。

当然,要进一步提高学校文化德育的针对性与实效性,尚有一些问题可作深入研究。如:如何通过对文化德育内容的整合、梳理与提炼,更好地突出社会主义文化的主流价值,更好地突出地域和学校文化的特色;如何根据高中学生身心发展的特点,适当增删一些文化德育的内容,使之与高中学生的发展需求更匹配,起到更好的德育实效。

上海市特级校长、上海市尚文中学校长　管彦丰

第三章
学校德育途径的顶层设计

学校德育途径回答的是通过哪些渠道育人的问题,是德育内容、目标实现的载体,是德育方法、手段依附的载体。德育途径对应内容,一项内容多条途径,有主有辅协调配合,分工合作形成合力。德育途径应当对应每一项德育内容,使每一项德育内容都有贯彻落实的渠道。

第7问：学校德育的基本途径有哪些?

问题分解 1　什么是学校德育途径?

学校德育途径是德育方法、手段依附的载体,德育途径对应内容,使每一项德育内容都有贯彻落实的渠道。

问题分解 2　学校德育的基本途径有哪些?

2005 年颁布的《教育部关于整体规划大中小学德育体系的意见》对当前我国中小学德育的基本途径进行了指导性的规定。

1. 用课程承担德育内容

挖掘各类课程的德育资源,把德育渗透到学生学习的各个环节。中小学语文、历史、地理、艺术和其他各类课程都要蕴含对学生进行德育的内容,使学生在学习知识、增强能力的过程中受到思想道德教育,加强思想道德建设。

2. 教学各环节承担德育内容

明确全员育人的要求,把德育落实到教学、管理、服务的各个方面。各类课程教师要提高师德和业务水平,爱岗敬业,教书育人,为人师表,以良好的思想政治素质和道德风范影响和教育学生。学校管理和服务人员要在严格管理和优质服务中体现育人导向,使学生从中受到感染和教育。

3. 在学校活动中承担德育内容

积极开展丰富多彩的德育活动,在活动中增强德育实效。大中小学校都要举行隆重的开学和毕业典礼,培养学生的荣誉感和责任意识。要利用重大节庆日举行升旗仪式等活动,激发学生爱国情感。大力开展日常校园文化活动,把德育与智育、体育、美育有机结合起来,寓教育于健康向上的文化活动之中。积极开展网上思想政治教育活动,努力建设一批融思想性、知识性、趣味性、服务性于一体的校园网站,使校园网成为传播先进文化的新渠道、加强德育的新阵地、全面服务学生的新平台。深入开展社会实践活动,让学生在实践中受教育、长才干、作贡献。

4. 在学校管理中体现德育内容

推进教育、管理、服务相结合,在关心人、帮助人中教育人、引导人。要依照法律和规章制度,严格校规校纪,加强和改进学校管理,加强校风、教风、学风建设。要做好服务工作,把解决思想问题与解决实际问题结合起来,不断改善办学条件,提高办学水平,指导学生处理好在学习、成才、择业、交友、健康、生活等方面遇到的问题。充分调动学生的积极性和主动性,提高学生自我教育、自我管理、自我服务的能力。

5. 构建学校、家庭、社会紧密配合的德育网络。

德育工作由学校向家庭辐射,向社会延伸。学校要主动和学生家长及社会各方面加强沟通与合作,使三方教育互为补充、形成合力。要正确引导家庭教育,通过家长学校、家庭教育指导中心、家访等多种形式,引导家长树立正确的人才观、质量观和择业观,掌握科学教育子女的方法。要高度重视并充分发挥校外教育基地、爱国主义教育基地和社区教育的作用,依托社会的各种活动阵地,组织开展富有吸引力的德育活动。

6. 积极开展党团活动,充分发挥党团组织和学生组织在德育中的重要作用

少先队、共青团和党组织是学校德育工作重要的组织体系和保障,要充分发挥少先队、共青团和党组织的政治优势、组织优势,做好大中小学德育工作。利用小学生加入少先队、中学生加入共青团和大学生加入中国共产党等人生成长的重要时机,有针对性地开展具有深刻意义的教育活动。同时,要发挥学生会、研究生会的桥梁和纽带作用,积极开展生动有效的德育活动。①

---

① 教育部关于整体规划大中小学德育体系的意见[EB/OL]. http://www. china. com. cn/chinese/PI-c/860099. htm.

第 8 问：学校德育途径顶层设计要遵循哪些原则呢？

学校德育途径顶层设计的原则：

一、以教师为主导的原则

学校德育途径顶层设计以教师为主导的原则，体现在教书育人途径、管理育人途径和服务育人途径三个方面。

教书育人就是指教师在教学过程中，按照一定的目标，培养学生科学文化素质和思想政治素质。寓德育于智育、体育、美育之中，是教书育人的基本形式。

管理育人就是指学校的管理者围绕育人的根本任务，通过加强管理途径，对学生施以积极的影响。学校的管理部门要把握正确的教育方向，制定合理的育人方案，组织和实施育人工作。同时要不断提高管理者的素质和水平，健全各项管理制度，以实际行动优化育人环境。

服务育人就是指学校从事服务工作的广大教职工，为了实现学校的育人目标，在为教学、科研和师生员工提供服务的过程中，以一定的形式对学生的思想品德和人生理想进行直接或间接的教育。服务部门要为学校创造优美的育人环境，提供后勤保障和服务。服务部门的职工要以自己的优质服务和模范行为，在思想、道德、纪律等方面感染学生，使学生养成勤俭节约、爱护公物、热爱劳动的良好习惯。

教师要尊重学生的人格，找准自己的位置，当好"导师"和"朋友"，不当"法官"和"保姆"。尊重人格就要建立平等和谐的师生关系；找准位置就要正确处理"主导"与"主体"的关系，准确把握"积极引导"与"大包大揽"的区别、"严格要求"与"尊重主体"的区别。

二、以学生为主体的原则

学校德育途径顶层设计以学生为主体是指教育者引导学生积极主动地参与德育过程,形成道德判断、道德选择等社会道德生活的能力,实现教育与自我教育高度统一的德育方法和形式。

学校德育途径顶层设计以学生为主体,要适应青少年学生的发展特点。

当前,学校德育工作实效性差已是一个不争的事实,其中重要的原因之一是我们的德育没有"人"。试想,德育作为一种培养和塑造人的活动,如果不能针对受教育者的心理发展规律和个性特点进行,那么,其效果必然大打折扣。在实际工作中,脱离"人"的德育观相当普遍。另外,并不是所有的人都具备洞察学生心灵世界的能力,把握住了教育要求与学生精神需求的结合点,经常是教师讲的与学生头脑想的不一致,教育要求与学生的追求往往是两回事。这种不存在"人"、看不见"学生主体"的所谓德育,显然不会起到应有的作用。比如,学校常常把某一时期党和国家的路线、方针、政策作为主要甚至唯一的内容进行灌输;学校往往把"禁止"、"防堵"作为立足点,将"批评"与"惩罚"作为常用的教育手段,不注重调动学生的积极性。学生由于处在被支配的地位,不能根据自己的需要、愿望和爱好自主地选择适合自身的教育,他们往往表现出循规蹈矩,一旦遇到困难和问题就感到无所适从,缺乏分析问题、解决问题和大胆创新的能力。

由于受教育者的主体地位得不到应有的承认与尊重,长期以来学校德育工作始终存在着高耗低效的现象,我们再也不能这样下去了。

学校德育途径顶层设计以学生为主体的基本策略是指教育者在实施主体性德育的过程中,对受教育者的道德现状作科学分析后,依据具体情况的变化,通过一定的观察、判断,然后规划和设计德育活动的相应内容和形式,这是解决问题的决策,是德育的艺术技巧。在学校和班级管理中,积极发挥学生的参与作用和主体作用;在教学中,要以学生为中心,激发每一个学生参与教学活动的积极性;在丰富多彩的活动中,要培养学生的主人翁意识和集体荣誉感,发挥学生自我教育的能力,让学生自己管理自己。

三、学校、家庭、社区密切配合的原则

学校办学不是在真空中进行的,它要和外界环境进行合理、有效和良性的互动。

德育亦如此。要将德育实效性的目标投向更为广阔的社会,去研究和探索家庭、社区对学校德育的影响,以期为学校发展提供更加有利的外部环境。在学生的学习成长过程中,最早接受的是家庭教育,起主导作用的是学校教育,而影响最广泛的是社会教育。

　　教育是一个大系统,德育作为它的一个子系统,要从根本上解决德育与家庭、社会相脱节的问题,打破封闭式学校德育,必须建立一种学校、家庭、社会相结合的学校德育,形成学校、家庭和社会"三位一体"的德育网络,实现学校、家庭和社会教育的和谐统一。因此,协调这三方的教育力量并形成合力,使之围绕学校的培养目标展开教育活动,顶层设计学校德育途径是学校的重要工作。学校必须在诸多教育影响中起到桥梁、纽带作用,上下沟通,左右配合,相互促进,形成合力,才能实现德育效益最大化。

　　学校德育途径的顶层设计要注意开发和利用学校周边的社区教育资源。随着我国经济社会的快速发展,大量展示人类文明成果的主题式展示场馆以及与社会生活紧密相关的各种机构、场所、产业不断聚集在学校的周围。虽然学校是教育的主要场所,有着各种各样的教育资源优势,但是,在现代文明高速发展的背景下,学校德育资源的先天性不足也逐渐显露出来,如:教育内容狭窄有限、拓展性差、开放性与实践性不足等。学校德育途径的顶层设计要打破传统模式,走出课本,走出课堂,走出学校,顺应社会发展的需要,积极关注学生的学力发展和终身健康发展,强调培养学生关注社会、关注生活的情感,而内容新颖有趣、功能丰富多样,又有开放性和实践性的社区德育资源正好为学生的发展提供了实践平台。

第9问：如何进行学校德育途径的顶层设计?

学校主要的德育途径包括思想品德和思想政治课、其他学科教学、三育人（教书育人、管理育人、服务育人）、班主任工作、党团队和学生会、社会实践、课外活动、校外教育、校园文化建设、家庭与社会教育等。

一、课程德育途径

小学开设以公民基本道德素质教育为基本内容的品德与生活、品德与社会类课程。小学1—2年级的品德与生活课程着重引领小学生健康安全、愉快积极、负责任、有爱心、动脑筋、有创意地生活，逐步养成良好的生活习惯。小学3—5年级的品德与社会类课程着重讲解个人成长、家庭、学校、家乡（社区）、祖国、世界，引领小学生逐步认识自我、认识社会，为形成良好的品德奠定基础。

初中开设以提高学生思想道德水平为基本内容的思想品德、思想政治类课程。初中开设的思想品德课程着重教育个人成长应具备的基本要求、个人与他人的关系、个人与集体、国家和社会的关系，引领初中学生感悟人生意义，提高道德素质，了解基本法律知识，培养健康心理品质，确立责任意识和积极的生活态度。

普通高中开设思想政治课，着重讲解哲学基本常识和政治生活、经济生活、文化生活常识、公民道德与伦理常识、法律常识，引导学生运用矛盾和实践的观点和方法认识问题、分析问题和解决问题，使高中学生具备在现代社会生活中应有的自主、自立、自强的能力和态度，初步形成正确的世界观、人生观和价值观，初步掌握辩证唯物主义和历史唯物主义的观点、方法，为终身发展奠定思想道德基础。

中等职业学校开设哲学基础知识、经济与政治基础知识、法律基础知识和职业道德与职业指导类课程,帮助学生树立正确的职业理想,养成良好的职业道德,具备基本的就业创业意识,为步入职业生涯和终身发展奠定思想道德基础。

二、"三育人"途径

教育的对象是人,教育的目的也是人,学校的一切活动都围绕育人展开。明确全员育人的要求,把德育落实到教学、管理、服务的各个方面。各类课程教师要提高师德和业务水平,爱岗敬业,教书育人,为人师表,以良好的思想政治素质和道德风范影响与教育学生。学校管理和服务人员要在严格管理和优质服务中体现育人导向,使学生从中受到感染和教育。

学校要推进教育、管理、服务相结合,在关心人、帮助人中教育人、引导人。要依照法律和规章制度,严格校规校纪,加强和改进学校管理,加强校风、教风、学风建设。要做好服务工作,把解决思想问题与解决实际问题结合起来,不断改善办学条件,提高办学水平,指导学生处理好在学习、成才、择业、交友、健康、生活等方面遇到的问题。充分调动学生的积极性和主动性,提高学生自我教育、自我管理、自我服务的能力。大学和中等职业学校要对学生进行职业指导,为学生就业创业提供服务。

三、活动育人途径

学校德育活动是促进学生理论联系实际的重要纽带,是德育载体。德育要从教室、学校、走向社会,在更加广阔的天地实施。学校教育如果只注重书本知识的灌输,不注重学生能力的培养,不关注学生的生命成长,就会导致学校德育实效性不强。我国著名的哲学家王明阳就提出了"知行合一"的理论。他认为,不仅要认识("知"),尤其应当实践("行"),只有把"知"和"行"统一起来,才能称得上"善"。我国著名教育家陶行知也提出"社会即学校,生活即教育"的理念。苏霍姆林斯基说:"没有活动就没有教育。"可见从古到今,从国内到国外,人们都意识到了活动育人的重要性。

小学阶段德育活动要体现生动性、趣味性,动手动脑,丰富情感体验的特点;中学阶段德育活动要体现知识性强、吸引力大、参与度高,开阔视野、促进思考的特点。学校德育活动应该因地制宜、因校制宜,充分挖掘潜在的因素,充分发挥学校的优势,扬长避短,每项德育活动都要顶层设计,要注入育人价值,开展独特的教育内容,形成学校的德育工作特色,增强德育效果。

四、环境育人途径

德育的环境途径是育人的重要途径,也是我们常常说的显性德育,该途径重视学校环境的影响力。人总是在一定的社会关系中生活着,接受着来自外界的各式各样、消极的或积极的、物质的或精神的影响,形成一定的思想、观念、行为和习惯。人在改变环境的同时,环境也在改变着人,这是辩证的统一。我们所说的道德环境指的是道德主体所处的道德生活背景。[①] 道德环境有广义与狭义之分。广义的道德环境泛指整个社会的道德状况;狭义的道德环境指道德主体进行道德活动时所涉及的现实道德状况,其实两者没有质的区分而只有量的区别。环境是人生活在其中并给人影响的客观世界,包括自然环境和社会环境。对人的发展起巨大作用的是社会环境。

这里所讲的环境指更狭义的学校环境,包括校园文化环境、课堂教学环境、师生生活环境等。学校环境作为德育活动的重要因素,它们构成了德育活动的外在依据,时时刻刻对学生产生着影响。优美温馨的文化环境、人文关怀的教学情境、平等互助的师生关系、团结友爱的氛围和积极向上的校风、教风、学风等直接影响着学生的品德、习惯和生活状态。古人云:"蓬生麻中,不扶自直";"入芝兰之室,久而自芳";"橘生淮南则为橘,橘生淮北则为枳"。所以"居必择乡,游必就士"以"防邪僻而近中正"(《荀子·劝学》),古也有"昔孟母,择邻处"的实例,这充分说明了环境对人的影响是巨大的。

学校德育途径实际上是一个以学校为主导,学校与家庭、社会(社区)密切配合,教师、管理人员、服务人员、班主任、党团组织(少先队)等共同参与,课堂教学、课外活动、实践教育相结合,指导学生学习、成才与择业、交友、健康成长、生活相结合的全员、全程、全方位育人的德育途径。

---

① 罗国杰. 中国伦理学百科全书第一卷[M]. 长春:吉林人民出版社,1993:331.

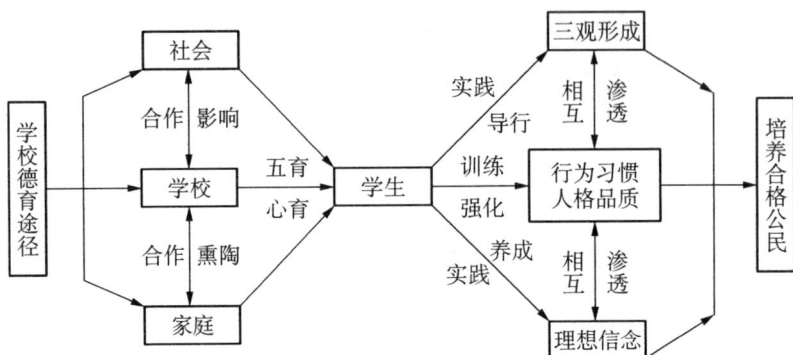

学校德育途径框架图

案例分享

立足学生发展的校本德育课程建设

德·育·现·场

立足学生发展的校本德育课程建设

上海外国语大学嘉定外国语实验高级中学简称上外嘉定实验高中。近年来，在"科学发展，健康成长"办学思想指引下，全校师生发扬"后来居上"的学校精神，努力打造"外语见长，文理并举，全面发展"的办学特色，现在已基本建成适应学生发展的教育教学工作框架，为学校的可持续发展奠定了坚实基础。

理·性·思·考

立足学生发展的校本德育课程建设

一、校本德育课程的基本认识

要深入思考学校德育，首先必须明确什么是教育。《说文解字》有解释："教，上所施下所效也";"育,养子使作善也"。可见,使人为善,是教育的道德目的。德育专家陶西平、特级教师李镇西等也都认为:教育,就是德育。智育传授知识技能、开发智力,但同时也包含着使人为善的德育目的;体育促进体格发展,同样包含使人为善的意图。德育贯穿于学校教育的方方面面。所有的学校教育活动,都应当实现其应有的德育目标。

(一)德育课程的意义和价值

学校德育实际上显现在学校的全部课程中。德育课程是指将一定德育内容按照课程组织实施教育活动,课程化的实质就是学校德育按照课程设计、组织实施与评估。

德育的课程化,就是将德育的内容,按照课程的体系确定德育课程的目标体系、内容体系、实施的方法途径、时间等,它有利于贯彻学校"以生为本,贴近生活,注重体验,感悟内化"的德育工作指导思想,提高德育工作的实效性和针对性。

(二)德育课程已有的经验和存在的问题

在学校现行的德育中,就已经存在具备初步课程雏形的德育活动内容,德育内容课程以较高的组织性和纪律性保证其实施。例如高一年级的军事训练;高二年级的学农社会实践活动以及春、秋季的素质教育活动等。作为一所外国语实验高中,也将外国语特色的一些活动,例如将每学期开展的英语节作为学校常规的一项校园文化活动。德育课程化使德育内容能够真正得到落实,也能使德育的内容得以进一步的深化。

然而,学校德育课程存在着千校一面的同质化倾向。有的德育课程由教育局统一组织实施,全区所有高中学校都是一样的教学和活动内容,例如上述高一的军训和高二年级的学农社会实践活动。有的德育课程甚至是全市所有高中都一样,例如高一年级的军事国防教育。这种现象在春、秋季素质教育活动中也有类似现象。

我区高中学校开展的春、秋季素质教育活动,无外乎南京的爱国主义教育活动、绍兴的民族精神教育活动、长兴的和谐自然生态教育活动等。这些活动从以往的春游、秋游演变而来,有机地融入了爱国主义、民族精神和生命教育等内容。

然而不足之处也非常明显,几乎每所学校在这些德育内容的开发上基本都是一致的,缺乏各自学校的特色。基层学校在上级教育行政部门安排的必选公共德育课程的基础上,应当开发和实施能够适应和体现本校特色的校本德育课程。

二、校本德育课程开发的可行性

学校是本区唯一的区级外国语实验性示范高中,在校本德育课程的开发上进行了一些初步的尝试。外国语实验高中有其特殊性,学生有更多的机会接触国外的留学生、外教老师,通过多种国际交流活动,了解世界各国的多元文化。每周由外教和留学生组织开展英语角活动,每学期组织学生开展英语节活动,通过多种英语特色活动,例如趣味英语街、才艺大比拼、英语演讲比赛等活动,拓展视野,陶冶情操,感受不同国家的文化熏陶。可以在丰富多彩的活动基础上,打造外国语实验高级中学的德育特色课程。

依据办学的实际,学校确定了以"五爱"责任教育、"六气"精神素养的培育为主线的德育培养目标和课程框架,将学生德育内容融合到日常的教育活动中。在多年德育实践的基础上,逐渐形成"树立信心、挑战自我"——爱自己系列,"爱心港湾、快乐老家"——爱家庭系列,"温馨港湾、幸福你我"——爱集体系列,"我们奉献、我们快乐"——爱家乡系列,"胸怀祖国、放眼世界"——爱国家系列德育校本课程。

在实施途径和方法上,以"我们奉献,我们快乐"——爱家乡系列为例,学校组织师生设计布置嘉定名人文化长廊,制作了"从嘉定走出的外交家"等杰出人物系列宣传版面,并组织学生参观学习、演讲故事、征集嘉定乡土名人轶事、撰写观后感悟,引导学生明古城历史、晓嘉定名(贤)人,让学生在学习本乡本土诞生的外交家、政治家、教育家、实业家为家乡、为国家做出杰出贡献的奋斗历程中得到价值认同,激发崇高的理想追求,从而努力学习,养成良好的学习习惯,培养"爱家乡"的思想情感,立志为家乡争光,为祖国添彩。

在此基础上,学校组织开展学生志愿者服务。在嘉定镇街道的大力支持下,学校团委积极组织学生开展"我奉献,我快乐"志愿者服务。每年暑假,组织学生前往嘉定镇街道阳光之家和街道敬老院两个义工服务基地,开展"同一片蓝天下"

和"青春辉映夕阳红"义工服务。义工服务为学生提供了接触社会、锻炼自己的良好机会,培养学生平等待人、与人为善的行为准则,与此同时学生参与社会实践、奉献社会的意识也进一步增强。

三、德育校本课程开发的思考

德育源于生活,以生为本的德育内容应当来自学生的生活。学校绝不是学生生活的全部,德育的目标之一就是教会学生热爱生活、学会生活,成为对社会有用的人。生活即德育,要让学生在生活情景中感悟,在生活实践中体验,在生活环境中熏陶,在生活交往中成长,不断提高学生基础文明素养,不断完善学生人格,不断激励学生自主发展。因此,校本德育课程的开发必须着眼于学生的生活实际。

德育的实效来自学生自身的体验和感悟。美国的大、中、小学都有一门必修课,叫作"电梯演讲"。这是一门专门训练学生向他人介绍和推销自己的课程。在这门课程的教学中,不仅涉及说话的艺术,而且还让学生学习充分利用肢体语言来表达自己的想法。让学生把自己对别人的尊重以及自己的勇气、激情和自信,通过语言和行动表达出来。这样的课程实际上是为学生创设情境,让学生置身其中,通过学生的自我感受形成道德体验。在这样注重体验的课程中,有尊重、自重、自信、勇气的教育,有优美语言、优雅气质的行为教育,也有健康身体的教育,这一切都使学生在潜移默化中得到教育。因此,校本德育课程的开发应当注重通过学生亲身体验产生真实感悟,提高德育实效。

"五爱"责任教育,"六气"精神素养的培育,在学生良好行为规范养成教育的有效性和针对性方面,至少有这样几方面的亮点:"五爱"教育分层递进,符合学生的认知规律,又贴近学生的生活实际,具有基础性,又具备一定的前瞻性。"六气"素养涵盖了当代高中学生必须具备的高品质行为素养。贯穿"五爱"责任教育和"六气"精神素养培育的校本德育课程始终,可以为学生提供一个贴近生活实际的思想品德自我教育的平台,让学生明确自己的理想和目标、明确自己长大要成为怎么样的人,让学生在活动中受到潜移默化的影响,从而增强学生良好行为习惯养成的主动性和积极性。

学校现有的德育校本课程在具体的实施过程中还存在诸多不足。如何引导学生自觉地、积极地参与是一个非常关键的问题。所以,德育校本课程的设计应当进一步贴近学生的实际,关注当代学生所关注的热点和焦点。德育校本课程的内容也有待于在今后的实践中进一步充实和完善,以适应时代的发展和社会的需求。

总之,德育必须以学生为本,以学生的终身发展为本。而校本化的德育特色课程,既能让学生在实践中、在生活中受到熏陶,也能最大限度地照顾到学生身心发展的个体差异,同时学生也可以参与到校本课程的开发中,使学校德育更具生活性、实践性和针对性,为学生的健康成长注入新的活力。

顶·层·设·计

上外嘉定实验高中德育课程方案

一、德育课程目标

以"胸怀祖国,放眼世界"的育人目标为指向,以"五爱"责任教育为主线,以"六气"精神素养培育为目的,关注每一个学生的终身发展,构建学校的德育课程总体框架,将学校德育内容融合到日常的各种教育活动中。"五爱"责任即爱自己、爱家庭、爱集体、爱家乡、爱祖国,"六气"素养即志气、朝气、才气、正气、大气和洋气的精神素养。以德育课程建设和实施为抓手,既关注学生的行为规范养成、素养的提升,也关注学生崇高理想的树立和对社会的关注和奉献,在实践中体验和感悟,增强学生的团队意识和集体观念,培养学生与人交往的能力,懂得感恩,学会关爱,激发学生爱祖国、爱家乡、爱集体、爱家庭和自尊自爱的思想情感,培养青年学生成为志向高远、人格健全、知识丰富、充满活力、处世大度、适应世界发展潮流的现代公民。

二、德育课程设置

德育课程以"五爱责任"教育为主线,以民族精神教育和生命教育为重点,结合学生心理和生理特点以及学校的特色教育资源,制定学校德育课程体系。德育课程实行分层推进,上下衔接,形成系列,力求使德育工作摆脱随意、零散、突击式的做法,建立一个贴近学生生活,符合学生身心特点,着眼于学生的未来和思想品德素质提高的,主题明确、注重实效、能够充分发挥整体德育功能的科学全面的德育课程体系。

三、德育课程内容

德育课程框架以"五爱"责任教育为主线,"六气"精神素养培育为目的,将德育内容融合到对学生日常的教育活动中。在多年德育实践的基础上,形成"树立信心、挑战自我"——爱自己系列,"爱心港湾、快乐老家"——爱家庭系列,"温馨港湾、幸福你我"——爱集体系列,"我们奉献、我们快乐"——爱家乡系列,"胸怀祖国、放眼世界"——爱国家系列德育校本课程。

五爱:爱自己、爱家庭、爱集体、爱家乡、爱祖国。

(一)爱自己

通过新生入学教育、高一年级军训、高二年级学农社会实践活动以及素质教育活动的机会,培养学生自理自立能力,养成科学作息,讲究卫生,文明用餐,生活自理以及健康的生活方式和生活情趣。

(二)爱家庭

每年结合节庆假日组织学生开展感恩教育活动,为父母做一件事,体验父母上班的艰辛,体会幸福生活的来之不易;不相互攀比,养成勤俭节约的良好习惯;体贴父母长辈,主动承担力所能及的家务;不任性,不顶撞父母,知恩图报,孝敬父母。

(三)爱集体

充分利用各种集体活动的契机,培养学生的集体观念和团队意识。每学期都开展英语节、艺术节、科技节活动,不定期地开展年级足球、篮球比赛。每年的校园运动会还开展师生兴趣项目的比赛。这些班级、年级以及校级的竞赛评比活动,增强了学生凝聚力,培养了学生以校为荣,关心他人,积极为集体争荣誉的集体意识。

(四)爱家乡

学校通过组织开展"社区义工、阳光之家"学生志愿者服务活动,为学生提供接触社会、锻炼自己的良好机会,培养学生尊老爱幼,平等待人,与人为善的行为准则。通过义工服务,学生参与社会实践,增强奉献社会的意识。

以校园文化建设为依托,打造优良的校园文化育人环境,开展向嘉定乡土历史文化名人学习的活动。设计布置嘉定名人文化长廊,制作了"从嘉定走出的杰出人物"系列宣传版面,并组织学生参观学习、演讲故事、征集嘉定乡土名人轶事、撰写观后感悟,引导学生明古城历史、晓嘉定名(贤)人,让学生在本乡本土诞生的外交家、政治家、教育家、实业家为家乡、为国家做出杰出贡献的奋斗历程中得到价值认同,激发崇高的理想追求,从而努力学习,养成良好的学习习惯,培养"爱家乡"的思想情感,立志为家乡争光,为祖国添彩。

(五)爱祖国

每周升旗仪式,依据学校阶段性行为规范教育的实际,落实国旗下讲话的内容,升旗仪式要做到隆重而富有教育意义。学校专门组织成立学校国旗队,统一着装,步伐整齐,国旗队员应成为学生仪表规范的一根标杆。

充分利用素质教育的契机,寻访爱国主义教育基地,结合节假日活动,开展民族精神教育。结合高三成人仪式,培养学生具有基本的公民道德素养。

六气:志气、朝气、才气、正气、大气、洋气。

(一)志气

通过入学教育、民族精神教育月活动、成人仪式以及学校特有的嘉定历史文化名人的学习,激发学生树立远大理想,立志报效祖国。

(二)朝气

以激发学生兴趣和促进身心发展为出发点,搭建各种平台,引导学生走到阳光下,开展丰富多彩的体育、科技、艺术文化活动,以此来引导学生从小养成健康的生活方式和高尚的生活情趣。以足球布点项目实施为契机,结合社团活动和温馨教室创建,在高一年级和高二年级的各班进行年级足球联赛,初步形成班班有足球、人人懂足球的足球文化氛围。

(三)才气

以良好的学习习惯、优异的成绩、优雅的谈吐,展示出高中学生身上的那股读书人应有的才气。学校从新生入学开始,就通过多种途径开展高中学习方式的指导。入学教育阶段,在学生中开展初高中学习方式转变的辅导讲座;高一年级一开学,由分管教学的校级领导主讲,介绍如何迅速适应高中的学习生活。各班级班主任和任课老师也要充分利用班会、家长会等时机,组织学生和家长一起开展学习方法的交流。每年都开展一系列学习方式指导,确保学校教育质量连年提升。

（四）正气

学先进,树典型。要充分利用升旗仪式、班会、青年党校等有效途径,积极开展廉洁教育、公民基本道德规范教育,教育学生对于违反社会公德的行为要进行必要的劝阻,面对社会上的不良行为,在确保自身安全的前提下,要敢于斗争,树立当代青年学子的一身正气。

（五）大气

每学期开学初,组织学生开展多种形式的文明礼仪教育。通过知识竞赛、电子小报制作、小品表演,宣传和学习文明礼仪的基本知识;通过走进社区的阳光之家义工活动,在学校、家庭和社区的日常生活中践行文明礼仪规范。组织学生开展节俭与大气的讨论,教育学生生活上要节俭,而与人交往上要大气。

（六）洋气

要充分利用上海外国语大学优质的高校教育资源以及诸多学生与国外同龄人交流的机会,引导学生养成高雅的情趣、健康向上的兴趣爱好,培养学生优雅的绅士风度和淑女气质,在与人交往的场合举止得体大方,尊重彼此不同的文化和习俗。开展英语节活动,既有语言运用能力比拼,又有欧美文化展示交流;既有班际外语活动切磋,又有学生考老师的和谐互动,要让学生在精彩纷呈的活动中自主策划、主体参与,个性特长得到充分彰显。英语节要以其鲜明的特色和丰富的内容,成为学生高中三年最难忘的校园文化活动。

具体课程内容:

"五爱责任"教育系列	德育课程	德育内容与"六气素养"目标落实重点	实施途径	时间安排
"树立信心,挑战自我"——爱自己系列	高一新生入学教育	了解上外嘉定实验高中(学校精神、校风、学风、培养目标);融入上外嘉定实验高中(《学生须知》之学校行规要求、制度文化教育);健康交往与文明礼仪——上外嘉定学生形象教育;以《学生发展手册》引领学生自我发展定位。认识自我,了解自我,正确定位,规划人生。做一个有理想、有志气、有朝气的当代高中学生;个性发展——社团项目介绍和社团选择。	1. 新高一年级组全体新生大会。 2. 以班级为单位组织开展各项学习活动。 3. 开学后,利用晨会、班会时间,组织开展校园日常行为规范教育。 4. 每周升旗仪式行政值周反馈。 5. 军训和寄宿生活指导。	1. 新生报到后,军训前。 2. 军训营地开展第一期军训期间继续加强教育。 3. 开学以后进行第二期军训国防教育继续巩固。
	爱自己,珍爱生命教育专题	1. 安全教育(消防、紧急疏散演练)。 2. 卫生保健教育。 3. 毒品预防教育。 4. 青春期心理健康教育。	1. 每学期组织开展安全教育周,进行消防灭火、地质灾害紧急疏散演练,邀请专家开展紧急自救自护知识讲座。 2. 结合"5.8"红十字宣传日、"9.20"全国爱牙日等活动,开展健康知识讲座。 3. 结合"6.26"禁毒日活动,举行毒品预防知识讲座。 4. 组织开展与生命教育相关的宣传板报、电子小报制作评比。 5. 开设心理课,组织心理社团活动、学校心理咨询室"心灵氧吧"接受个别心理咨询。高三年级考前心理辅导。	1. 安全教育周每学期安排一次比较正式的演练活动,上半年安排在5月12日左右,下半年安排在11月9日左右。 2. 宣传板报、电子小报评比时间根据具体主题教育时间而定。
	励志教育	学习、实践、体验、感悟,激发和唤醒学生内驱力,使学生从被成长转变为形成生命自觉,使学生的成长过程由自由发展转变为自主规划和自我激励的发展,成为有志气,	1. 团课、青年党校。 2. 成功人士名人课堂。 3. 成人仪式。 4. 毕业典礼。 5. 国旗下讲话。 6. 国旗队建设。	1. 每学期安排4—5次团课或青年党校活动。 2. 每届高三年级在每年元旦前后举行成人仪式。

"五爱责任"教育系列	德育课程	德育内容与"六气素养"目标落实重点	实施途径	时间安排
		有才气,有朝气的青年人。		3. 每学期安排1—2次名人课堂讲座或报告。 4. 每两年在新高一年级男生中组建国旗班。
	军事训练和国防教育	体验军旅生活,磨练坚强意志,培养艰苦奋斗,刻苦耐劳的坚强毅力和集体主义精神,树立爱国意识,增强国防观念和组织纪律性,明确肩上责任。养成良好的学风和生活作风,成为有朝气、有志气、有大气的青年一代。	第一期:浏河营地军事训练。 第二期:东方绿舟国防教育。	高一年级暑期安排为期一周的第一期军事训练,第一学期开学后安排为期一周的第二期国防教育。
"爱心港湾,快乐老家"——爱家庭系列	志愿者服务、社会实践考察、社团活动、国际交流等活动	培养关爱他人,关爱家庭,关注社会,懂得感恩,有志气、有朝气、有洋气的上外嘉定高中学子。	1. 校内值周班级、学生自主管理委员会。 2. "我奉献,我快乐"义工服务、校外志愿者服务活动。 3. 校园保洁护绿志愿者服务,体育周等大型活动中参与组织维持秩序等。 4. 寒假系列活动:感恩行动,关爱父母长辈,为长辈做一件事;青春送温暖献爱心活动等。 5. 暑假系列活动:踏上父母上班的路,迎接父母下班回家等活动,体验父母工作的艰辛。 6. 军训、学农中开展写一封家书活动。 7. 国际交流和接待。	校园志愿者服务活动与校园值周安排相结合,其他活动原则上安排在寒假、暑期、其他节假日和课余时间。
	节庆教育	充分利用各种法定节日、纪念日契机,引导学生了解民族文化传统,组织学生开展各种德育实践体验活动,培养学生助人为乐、懂得感恩、关爱他人的优秀品德。	1. 9月10日教师节活动:给老师写一封信,学生代表向老师献上鲜花表示节日的祝贺,板报、电子小报宣传。 2. 九九重阳敬老节:敬老院慰问;为家中年老长辈做一件力所能及的事。	清明节、端午节、中秋节、重阳节等。

续表

"五爱责任" 教育系列	德育 课程	德育内容与"六气素养" 目标落实重点	实施途径	时间安排
			3. "3·5"学雷锋日活动:社区志愿者服务义务劳动,爱心捐赠义卖,学雷锋宣传活动。	
	学农社会实践活动	体验农民劳作的艰辛,感悟粒粒皆辛苦的含义,学习农民勤劳勇敢的精神,了解家乡农村的发展。培养珍惜劳动果实,懂得感恩,关爱父母,爱家庭的情感。	浏河营地为期一周的学农社会实践活动。	高二年级第一学期。
"温馨港湾,幸福你我"——爱集体系列	英语节	弘扬浓厚的外国语文化氛围,突显和谐向上的人文气息,激发学生学习兴趣,养成乐学的态度,夯实英语语言基础,提高学生英语交际能力。成为有才气、有朝气、有志气、洋气的上外嘉定高中学子。	1. 英语黑板报比赛。 2. 英语小报评比。 3. 单词竞赛。 4. 趣味英语街。 5. 才艺大比拼。 6. 英语演讲比赛。 7. 中青年教师英语口语比赛。	每个学期期中考试后的一周时间,每天下午3:30后开展各项比赛活动。
	校体育运动会以及市、区阳光体育大联赛、布点项目等	引导学生树立体育强身,健康体魄的意识,在比赛中体验公平竞争,勇于拼搏的体育精神。培养集体观念、团队意识,在体育活动中践行关爱自己,关爱他人,热爱集体。	1. 校运动会。 2. 师生兴趣项目运动会。 3. 分年级体育单项比赛。 4. 阳光体育大联赛。 5. 校广播操比赛。 6. 布点项目足球、羽毛球训练、比赛。 7. 参加市、区阳光体育联赛。	1. 每年9月最后一周为学校体育周。 2. 其他体育比赛活动根据实际情况安排落实。
	社团活动	个性专长发展,提升自我素养,提高学生的创新精神和实践能力,促进学生多元智能的发展,培养阳光健康,情趣高尚,有朝气、有才气的一代青年学生。	1. 社团日常活动。 2. 社团节活动。 3. 参加区社团展示活动。	1. 每周社团活动时间。 2. 课余活动时间由各社团指导老师与学生共同协商确定。
	艺术节	培养学生对艺术的表现力和创造力,陶冶情操,提升艺术素养,提高学生对美的感受和理解能力,让学生学会欣赏美,展现当代学生的朝气、大气、才气和洋气。	1. 班班有歌曲合唱比赛。 2. 校园歌手选拔赛。 3. 校园摄影比赛。 4. 参加区艺术节比赛。	活动时间由指导老师根据学校安排与学生共同协商确定。

续表

"五爱责任"教育系列	德育课程	德育内容与"六气素养"目标落实重点	实施途径	时间安排
	科技节	通过探索、设计、合作、互助，培养严谨、理性、独立思考，团队意识，集体观念。以此进一步激发学生的朝气和才气。	参加市级、区级以及学校组织的科技活动、科技竞赛。	
	温馨教室建设	通过以班级为单位开展的集体活动项目，激发学生的团队和集体意识，融洽师生关系、生生关系乃至老师之间的关系，激发学生的朝气、正气和大气。	1. 班级教室特色建设与文化布置。 2. 年级组足球联赛。 3. 年级组篮球联赛。 4. 年级组拔河比赛。 5. 体育运动会师生共同参与活动的兴趣运动项目。	班级教室文化建设一般安排在开学第一个月；年级组足球、篮球比赛由团委牵头，学生会自行决定比赛时间；拔河比赛安排在高二学农期间。
"我们奉献，我们快乐"——爱家乡系列	嘉定历史文化名人学习教育	学习感悟家乡历史文化名人身上的精神风骨，培养有志气、有朝气、有才气的上外嘉定高中学子。	1. 组织学习嘉定历史文化名人，特别是嘉定杰出的外交家顾维钧等名人的事迹。 2. 通过班会活动组织交流学习体会。 3. 组织开展励志演讲活动。	安排在每年9月份的民族精神教育月。
	"我奉献，我快乐"义工服务、校外志愿者服务活动	为学生提供接触社会、锻炼自己的良好机会，培养平等待人，与人为善的行为准则；培养朝气、正气、大气的精神素养。	1. 校园保洁志愿者服务。 2. 校运会志愿者服务。 3. 社区"同一片蓝天下"和"青春辉映夕阳红"义工服务。	校园保洁志愿者服务与班级自主管理值周活动时间相同步；社区志愿者服务安排在寒、暑假以及节假日。
"胸怀祖国，放眼世界"——爱国家系列	仪式教育	通过仪式教育，让学生明确肩负的责任，懂得感恩，不断完善自我，树立报效祖国的远大理想，做一个有理想、有目标、有志气的青年学生。	1. 开学典礼。 2. 升旗仪式。 3. 入团仪式。 4. 十八岁成人仪式。 5. 毕业典礼。	每学期开学、每周一升旗仪式，每年五四青年节，每年新年元旦前后，每年六月三十日前后。
	春、秋季素质教育活动	知识学习与实践体验相结合，开阔视野，领略祖国大好河山，关注自然生态和谐发展；亲身体验，感悟祖国博大精深的文化底蕴。在活动中培养集体观念、时间观念，同学间互帮互助，关爱他人，促进学生个性的完善和发展。	秋季： 高一年级天目湖"自然之旅"； 高二年级绍兴"人文之旅"； 高三年级南京"爱国之旅" 春季： 苏州、常州，或本市活动场所。	第一学期各年级安排二日活动，第二学期高一高二年级安排一日活动，高三年级安排校内活动。

续表

"五爱责任"教育系列	德育课程	德育内容与"六气素养"目标落实重点	实施途径	时间安排
	百年树人电影阳光行	根据学校德育目标,有选择地组织学生观看具有教育意义的百年树人电影阳光行影片。	每学期安排观看至少2部阳光行推荐影片。	期中考试和期末考试以后分别安排一次电影。

四、课程实施原则

(一)主体性原则:以学生为主体,关注学生的发展,注重实践体验,让学生快乐健康地成长。

(二)基础性原则:以培养学生基础道德和基本素养为出发点,为学生的成长和发展提供保障。

(三)发展性原则:与时俱进,关注每一位学生的发展需要。

(四)全面性原则:立足于面向全体学生,衔接有序,分层推进。

五、课程实施的管理与评价

(一)课程实施的管理

1. 加强领导,成立学校德育课程实施指导小组。校长担任组长,德育分管领导担任副组长,成员由德育处、教导处负责人组成。职责主要是保证课程实施的条件保障、课程实施的指导、课程开设的常态化。

2. 加强德育师资培训,提高对德育课程实施在提高学生综合素质方面的认识水平和能力。

3. 制定并实施课程实施管理细则,保证日常检查、监控课程实施进程。

4. 完善课程实施过程的资料收集。

(二)课程实施的评价

1. 评价原则:多主体评价,关注教育过程,以学生发展为本,重个性化表现,重视学生本人在评价中的作用。

2. 评价内容:参与活动的积极性、合作意识;参与活动的时间量;活动过程中的情感体验;知识方法技能的掌握情况;探究能力、创新能力、改进意识、实践能力的发展情况。

3. 过程评价方法：教师观察记录、活动过程记录、阶段性学分认定。

4. 评价形式呈现：期末描述性评语、德育测评分、展示效果评估等等。

特·色·德·育

从嘉定走出来的杰出外交家

——看百年中国风云变幻史

一、课程简介

嘉定是外交家的故乡，顾维钧、廖世功、吴学谦、钱其琛……在中国外交史上如巨星闪耀。设计布置嘉定历史上的文化名人长廊，制作"从嘉定走出的杰出人物"系列宣传版面，以爱国主义教育和民族精神教育为核心，组织学生参观学习、演讲故事、征集嘉定乡土名人轶事、撰写观后感悟，开展相关的课题研究活动，引导学生明古城历史、晓嘉定名（贤）人，让学生在了解本乡本土诞生的外交家、政治家、教育家、实业家为家乡、为国家做出杰出贡献的奋斗历程中得到价值认同，激发崇高的理想追求，从而努力学习，养成良好的学习习惯，培养"爱家乡"的思想情感，立志为家乡争光，为祖国添彩。

二、课程目标

（一）知识与能力目标

了解嘉定本土的历史文化名人、杰出外交家的名人轶事，学习他们的优秀美德。

（二）过程与方法目标

通过各种媒体途径，引导学生寻找和挖掘嘉定本土的优秀历史文化名人以及他们的轶事，培养学生搜集历史人文资料的能力；通过课题研究，培养学生自主探究的研究性学习能力；通过本土历史文化名人故事宣传、讲演、情景剧表演，开展与嘉定乡土历史文化名人相关的课题研究活动，引导学生体验和感悟嘉定杰出历史文化名人的优秀品德。

（三）情感态度与价值观目标

通过引导学生了解家乡的外交历史名人，激发青年学生热爱家乡、挖掘并传承乡土优秀文化的思想；了解从弱国无外交到履行大国责任的改变，感悟中华民族的复兴和大国的崛起,以此来教育和激励学生热爱祖国,陶冶情操,充实人生,并从中获取知识和力量,使人终身受益。

三、课程内容

(一)以小组为单位,实地寻访嘉定历史文化名人足迹,通过上网查询、书籍查阅等途径了解本乡本土诞生的为家乡、为国家做出杰出贡献的外交家、政治家、教育家、实业家奋斗历程。

(二)在班主任或有关学科教师的指导下,确定并开展与嘉定历史文化名人有关的一个课题研究。

(三)在学习和了解嘉定本土历史文化名人事迹的基础上,开展嘉定历史文化名人小故事讲演活动、学习感悟的征文活动。

(四)在寻访、上网查询、查阅书籍资料、开展课题研究的基础上,以小组为单位,通过多媒体、论文、录像、影集、专题网站等多种形式,进行相互交流,并通过升旗仪式、网络、校刊等形式多角度展示成果。

四、课程实施

实施对象:高一年级

实施时间:4周,一般安排在每年9月份,结合民族精神教育月活动进行。

(一)发动、宣传、动员阶段

时间:1周

目标及内容:

1. 全体高一年级任课教师动员;

2. 高一年级班主任动员;

3. 学生动员;

4. 家长会动员;

5. 形成课程资料包(嘉定历史文化名人的生平故事,以及他们为社会发展做出贡献的事迹等),相关学科(历史、语文)进行知识的铺垫;

6. 指导教师与课题小组成员进行课题开题准备工作;

7. 指定必须了解的文化历史名人:外交家——顾维钧、钱其琛。

（二）课程操作阶段

时间：2周

目标及内容：

1. 实地寻访嘉定历史文化名人足迹；

2. 年级组开展嘉定历史文化名人小故事讲演、情景剧表演活动；

3. 嘉定乡土名人轶事的黑板报、小报制作、征文评比活动；

4. 嘉定乡土历史文化名人相关的课题研究。

学生在开展课程活动的过程中要注意资料的整理和积累，进行自评和互评。

（三）反馈总结和展示阶段

时间：1周

目标与内容：

1. 年级优秀小故事讲演、情景剧展示汇报表演；

2. 优秀黑板报、小报作品、征文展示；

3. 年级组优秀课题展示、交流、评价。

五、课程评价

注重过程性评价，自评、互评、师评三者相结合。

评价项目	分值	自我评价	小组评价	教师评价
1. 主动参与小组活动情况	10			
2. 资料收集整理的能力	20			
3. 参加年级组评比活动的表现	20			
4. 活动中遵守各项规定的情况	15			
5. 完成课题研究活动的情况	20			
6. 为年级组、班级做出贡献的情况	15			
总分	100			
自我评价文字表述				
班级学生自主管理委员会评价				

上海外国语大学嘉定外国语实验高级中学　王永春

专·家·点·评

近年来,"德育课程"的概念被广泛使用,但对其内涵的理解却存在着很大的差异,这种差异主要来自于对课程的不同定位。上海外国语大学嘉定外国语实验高中所阐述的校本德育课程,显然不是指单一的德育学科,而是指对学生身心发展产生影响的一切具有教育意义、教育作用的影响因素的总和。这种德育课程包含了课程所具有的特质:有目的、有计划、有内容、有活动等之外,还包括了具有学校特色的其他教育因素的影响。校本德育课程开发能充分考虑到学校的实际情况、学生的德育要求、教师的德育水平和家庭与社区的德育因素,因而是提高学校德育工作针对性和实效性的一个重要途径。

校本德育课程的基本立足点主要体现在两个方面:一是基于校情;二是基于学校德育工作内涵。学校根据学校发展规划与学生发展特点,建立了"五爱六气"校本德育课程方案,方案呈现了学校校本德育课程开发的基本方法、思路、内容与思考。这些经验对于在摸索中前行的同行无疑是一份极具价值的参考;也给教育研究者提供了丰富、真实的案例;更为重要的是,为学校今后更深入地进行德育课程开发奠定了基础。

上海市嘉定区教师进修学院副书记　陆正芳

第四章

学校德育方法的顶层设计

德育方法不仅要解决知不知、会不会的问题，更要解决信与不信、行与不行的问题，德育方法直接影响德育效果。如果说学校德育途径回答的是通过哪些渠道育人的问题，是德育内容、目标实现的载体，是德育方法、手段依附的载体，那么德育方法回答的是采取什么样的具体方式传递德育影响、实现德育目标的问题。两者共同回答德育实施中"如何教与如何学"的问题。

第10问：方法与手段是一回事吗？ 德育方法最具多样性，我们要如何来顶层设计德育的方法呢？

一、德育方法的内涵

所谓德育方法指的是教育者在德育活动中,把一定社会的政治准则、思想观点、道德素养、法纪规范和心理需求,转化为受教育者个体的政治素质、思想素质、道德素质、法纪素质和心理素质的教育所运用的方式与手段的总称。我们之所以采用这样一种简练的表述方式,隐去了"为实现一定的德育目标"、"完成一定的德育任务"、"传授一定的德育内容"、"遵循规律和原则"等,是因为这些都是不言自明的。

要正确理解德育方法的概念,首先要厘清德育方法与德育方式、德育方法与德育手段以及德育方法与德育目标之间的关系。

德育方法在生动和具体的德育过程中可以分解为一系列具体的活动细节或组成部分,我们称之为德育方式。德育方法可以理解为具体德育方式的合理组合。例如我们在德育知识的教学中运用"讲授法(或教授法)"时,可以采用介绍信息的方式,活跃注意的方式,加速识记的方式(即采用各种记忆联想的方法),比较、对比、划分要点、归纳和演绎等逻辑推理的方式等。德育中所讲的讲授法实际上就是这些具体教育方式的组合。德育方式对德育方法来说具有局部、从属的性质。但是,德育方法与德育方式之间又是彼此联系的。没有具体的德育方式,也就无法形成由这些方式组成的有联系的组合即德育方法。同时,德育方式和方法在一定的教育情境中又是可以互相转化、互相代替的。在某种情况下,德育方法是达成德育目标的独立途径,而在另一种情境中,它又可能成为带有局部工具效应的教育方式。例如谈话法是形成一定价值观念的基本教育方法之一,但在实施情境陶冶或讲授法的过程中,它又可能只是组成整个大的德育方法的具体教育方式之一。教育方式具有相对独立的意义,它在不同教育方法中的意义与作用并不一样。当然,如果不组合成教育方法,教育方式本身往往是毫无意义的。

德育方法与德育手段也是相互区别和联系的一对概念。德育手段主要是指道德教育活动的工具、载体及其应用,如直观教具、阅读材料、辅助读物、艺术作品、多媒体及网络等。教育方法、德育方式之所以能够丰富多彩,原因之一就是教育手段的形式多样,灵活运用的余地较大。德育方法不仅是教育方式的组合,也是教育手段的有联系的组合。同一教育手段也可以从属于不同的教育方法、德育方法,为不同的德育方法所采用。[①]

二、德育方法的性质与特征

1. 德育活动的方式和手段只有在教育者与教育对象的共同作用下才能发挥其作用。这种共同作用,不是教育者单方面决定的,也不是二者的机械相加,而是在双方的互动中才能产生活动效益。

2. 德育方法是为实现一定的德育目标、完成一定的德育任务、传授一定的德育内容服务的,必须遵循教育的规律和德育的原则。

3. 德育方法以哲学、心理学、社会学、行为学、信息学等一定科学理论为其方法论基础,是一定的教育思想、德育理论的现实载体。

三、德育内涵的理解

学校德育方法顶层设计关键在于对德育内涵的理解。

1. 小学德育内涵的理解

根据小学生生活的环境、交往对象及身心特点,小学阶段的德育重在帮助学生认识自己与自己、个人与他人及集体的关系,并在此基础上进行相应的关系,相应的规范、意识和行为教育。

（1）心理健康教育。主要进行自我认知及活泼开朗、合群乐学等健康人格教育。

（2）法纪教育。主要进行班规班纪、校规校纪、小学生守则及交通规则等教育。

---

① 檀传宝.学校道德教育原理[M].北京:教育科学出版社,2003:146－147.

（3）道德规范教育。主要进行家庭美德、社会公德和个人品德的教育。在家庭美德方面进行尊敬师长、乐于助人、爱护公物、保护环境和遵守公共秩序等意识和行为教育。在个人品德方面主要进行诚实善良、友爱谦让等品德教育。

（4）思想教育。主要进行人生观中的热爱生活、积极进取、乐观向上、不惧困难和挫折的人生态度教育。

（5）政治意识教育。主要进行爱国旗、国徽、国歌，爱中华民族的悠久历史和灿烂文化、爱中华民族的故土山河等爱国主义思想教育。

2. 初中德育内涵的理解

根据初中生的生活环境、交往对象及身心特点，初中阶段德育重在帮助学生认识自己与自己，个人与他人、集体、社会、民族、国家的关系，在此基础上进行相应的规范、意识和行为教育。

（1）心理健康教育。主要进行自我认知、自我体验、自我评价、自我控制能力及自尊、自立、自强、坚毅等健康人格教育。

（2）法纪教育。主要进行中学生守则、校规校纪、基本的法律知识及《宪法》、《刑法》、《道路交通法》、《未成年保护法》、《预防未成年人犯罪法》等教育。

（3）道德规范教育。继续进行家庭美德、社会公德和个人品德的教育。在家庭美德方面主要进行关心父母、体谅父母、孝敬父母、勤劳节俭等意识和行为教育；在社会公德方面主要进行爱护公物、保护环境、文明上网、热心公益、关心集体和国家利益等意识和行为教育；在个人品德方面主要进行诚信、孝顺、勤劳、节俭、勇敢、正直、廉耻、自强品德及竞争与合作精神和为国家富强、民族振兴作贡献等社会责任心教育。

（4）思想教育。主要进行热爱生命，树立为自己及家人、他人的幸福作贡献的人生价值、人生理想及积极进取、乐观向上的人生态度教育。

（5）政治意识教育。主要进行中华民族的民族发展历史、国家基本制度等常识，党的基本路线、方针、政策与时事教育。

3. 高中德育内涵的理解

根据高中生生活的环境、交往对象及身心特点，高中阶段德育重在帮助学生认识自己与自己，个人与他人、集体、社会、民族、国家的关系，并在此基础上进行相应的规范、意识和行为教育。

（1）心理健康教育。包括良好心理素质，调节心理机能，促进心理发展的教育。主要进行心理健康标准、保持心理健康的途径与方法的教育。

（2）法纪教育。包括法律知识，知法、懂法和守法教育。主要进行中学生守则、校规校纪、法律的含义、特征、作用等法理知识及宪法、民主（包括民法通则、婚姻法、继承法、知识产权法）等高中生和公民应具有的权利和义务意识教育。

（3）道德规范教育。包括主流社会公认的伦理道德和价值观教育。主要进行道德的内涵、特征、意义、作用等基本道德伦理及以为人民服务为核心，以集体主义为原则，以公民基本道德和社会主义公德、职业道德、恋爱婚姻、家庭美德、个人品德为重点的社会主义道德教育和中华民族优良道德传统教育。当前尤其要以诚实守信、网络道德、婚恋道德为重点内容。

（4）思想教育。主要包括进行世界观、价值观、人生观及思维方式的教育。世界观教育主要进行辩证唯物主义、历史唯物主义思想教育。人生观、价值观教育主要进行为人民服务的人生目的，为社会作贡献的人生价值及积极进取、乐观向上的人生态度教育。

（5）政治意识教育。包括政治方向、政治立场和政治信仰的教育。主要进行社会主义的本质及社会主义制度优越性，中国特色社会主义理论体系的主要内容，选择中国特色社会主义道路的原因等社会主义理论教育及党的路线、方针、政策与时事教育。

第11问：德育方法设计要遵循哪些原则呢？

学校德育方法顶层设计应遵循以下原则：

一、适应与引导相结合原则

学校德育工作的基本任务，是要通过一定的方法，引导广大青少年学生树立正确的政治立场、思想观念和道德规范。与此同时，学校德育工作又强调要适应青少年学生的身心特征，要适应青少年学生的思想实际，灵活运用方法，有的放矢，才能有所成效。

然而，在学校德育工作实践中，却经常能发现一些教师的偏颇，把引导与适应不自觉地对立了起来。强调引导时，便忘记了说服教育的德育方法也要针对学生思想实际，而变成了教师对学生的"灌输"；强调适应时，又忘记了教师的根本职责还是引导，不自觉地降低了学校德育工作的起点，把适应变成了"迎合"。显然，在学校德育方法顶层设计要选择和应用时，兼顾适应与引导是一个十分值得注意的问题。

二、疏与堵相结合的原则

长期以来，在我们的学校德育工作中，堵的做法十分盛行。许许多多的规章制度中列出了一条又一条以"不准"开头的规定：不准佩戴首饰；不准在走廊上大声喧哗……反映在德育方法上，则是以教师的"说教"为主；谈话总是以指出学生的错误开始，由学生保证今后不再犯而告终。

疏是学校德育工作中的重要方法。通过倾听学生的观点、看法，帮助学生实事求是地分析问题，疏通学生的思想认识，解除思想障碍，提高思想觉悟。显然，疏与堵是矛盾的两个对立面。作为一个学校德育工作者，必须清楚地把握好这一对对立统一的矛盾体。

首先,要对"堵"有正确的理解和认识。堵不是学生有了问题之后再采取的手段、方法,而是要堵住可能导致学生产生问题的根源,即所谓"防患于未然"。堵更不是对学生的问题简单地加以制止的办法。当学生发生过失行为以后,为了防止错误的继续扩大,可以采取先堵一下的办法,但这仅仅是权宜之计,关键还是要疏。堵只能治表,疏才能治本。

其次,疏是建立在师生平等的基础上的,体现了对学生的理解与信任,但疏也不是目的。而是通过疏通,广开言路,让学生把存在的思想问题暴露出来,然后,根据学生的实际情况,进行有针对性的引导。如果只疏不导,同样难以使学生的政治、思想、道德素质得到提高。

学校德育方法的顶层设计要以辩证的思想看待"疏与堵"的矛盾,我们反对堵,是反对用压制、压服的德育方法去解决学生思想中存在的问题;我们提倡疏,是主张用说服、劝导的德育方法去解决学生的思想问题,并通过正确的引导,使学生树立正确的思想道德观念。

三、理与情相结合的原则

学校的德育工作为了能有序进行,需要有相应的规章制度,因此在德育方法的顶层设计时应坚持以理服人,对学生进行说理教育。

情感,是联系教师与学生的一条十分重要的纽带。只有当教师真诚地热爱学生、关心学生、尊重学生、信任学生时,学生才会对教师产生认同心理,并乐于接受教师提出的要求。而且,还会产生迁移,使学生形成自尊、自爱、上进的良好心理品质,成为学生积极向上的内在动力。因此情感教育应该成为学校德育工作的重要方法之一。

在学校德育工作中,也出现了过分夸大情感作用的倾向,似乎师生间的情感交流成了唯一的德育方法,夸大"感情投资",把德育工作片面地人情化,用抽象的理解人、关心人、尊重人代替正面说理的德育方法。教育不能没有爱,然而爱不等于教育的全部。爱不是迁就学生,不是放弃严格要求和严肃的纪律。爱而不严只会害了学生。树不修,不成梁,人不管不成才,爱学生不是无原则。教育不能没有惩罚,没有惩罚的教育是不完整的教育,虚弱的教育、不负责任的教育。"惩罚"绝不等于体罚,更不是伤害,而是让孩子为自己的过失负责。严与爱都是方法,本质都是教育。

以理服人,转变人的思想是学校德育工作的最大特点。通过正面教育的方法,批评与自我批评的方法等,使学生懂得各种道理,明辨是非。如果只有尊重而没有教育,只有关心而没有要求,只讲团结不讲批评,把关心变成迎合,把尊重变成迁就,把理解变成附和,那么,不仅无助于学生政治、思想、道德素质的提高,更是对学校德育工作的极大歪曲。

在学校德育方法顶层设计时,既要充分运用情感的方法,又要重视说理的方法,使学校德育工作以情带理,以理载情;寓理于情,以情寄理;情理交融,通情达理。在晓之以理、动之以情、导之以行的辩证统一过程中培养学生的思想品德,使学校德育工作的方法丰富多样,效果明显。

四、明示与暗示相结合原则

长期以来,学校德育工作主要运用明示教育方法,如通过各种规章制度、守则等,明确地告诉学生该做什么,不该做什么;又如通过榜样示范,明确地告诉学生该学什么,不该学什么;再如通过谈话、讨论,明确地告诉学生是非观念、价值标准,使学生懂得什么是对的,什么是错的等等。这些方法都是直接、明确地对受教育者施加影响,从而使学生树立正确的政治、思想、观念和道德判断标准。

近年来,随着德育研究的深入,人们开始重视德育的暗示教育方法。心理学把在无对抗的条件下,用含蓄、抽象诱导的间接方法对人们的心理和行为产生影响,从而使人们按照一定的方式去行动或接受一定的意见,使其思想、行为与暗示者企望的相符合,这种现象称为"暗示效应"。如能运用得当,暗示是一种十分有效的教育方法。

德育方法的选择与应用,不仅是一门科学也是一门艺术。只有以马克思主义的认识论为指导,从哲学方法论的高度对各种德育方法进行分析,找出其长处和短处,然后根据时空条件的变化进行正确的选择和应用,才可能收到效果。[①]

---

① 施光明. 学校德育新探[M]. 北京:知识出版社,1999:155-158.

第12问：如何进行学校德育方法的顶层设计？

1. 说理教育法的顶层设计

说理教育法，是指通过摆事实、讲道理来启发引导学生，从而提高其思想觉悟的教育方法。说理的形式多种多样，讲解、讲演、报告、座谈、讨论、谈心、对话、阅读、参观、访问、调查等都是说理常用的方法。

说理教育法的顶层设计要注意四点：一是说理要民主平等，不能以强制的方式迫使学生接受现成结论，要给学生留有理解、思考的时间和余地。二是说理不能无的放矢，要符合实际情况和学生的特点。良好的针对性来自对实际情况全面而又深入的了解。针对性并不仅是针对缺点或问题，也包括针对优点和长处。针对缺点或问题，可以使其得以检讨、有所感悟，从而弃旧图新；针对优点和长处，可以使其得到激励、形成自信，从而更进一步。三是说理要有感染力。四是说理要根据实际情况来选择和运用说理的方式，注意各种方式的有机结合。

2. 榜样示范法的顶层设计

榜样示范法，是指用正面人物的优秀品德影响学生的思想、情感和行为的教育方法。榜样示范的方式有事迹报告、广播影视、板报画廊、参观展览、阅读欣赏等。这些方式各有不同的特点，可根据实际加以适当选用。

榜样是被人们敬仰和效仿的楷模。榜样的力量是无穷的。榜样能把现实的社会关系表现得更直接、更典型，因而能给人以极大的感染，从而激励人们前进。

榜样示范法的顶层设计要注意三点：一是榜样本身要有一定的广泛性和层次性。除了创造了非凡业绩者可以作为榜样之外，各行各业的普通劳动者、学生身边的同学、家长、教师等，都可以从不同方面作为榜样展示给学生。榜样既要有学习方面的也要有思想道德和生活方面的。二是重在学习榜样的精神品质。运用榜样示范，要防止形式主义即单纯模仿榜样的外在行为。要引导学生自己发现榜样来进行精神自励,从而不断强化他们学习榜样的动机和行为。三是教育者要率先垂范。学生领略人生的意义和价值,学会为人处世,常与教师的言传身教有密切关系。教师没有良好的示范,要教育好他人是很难的。如果你想感化别人,你本身必须是一个能鼓舞和推动别人的人。老师的人格力量和人格魅力是成功教育的重要条件。好老师心中要有国家和民族,要明确意识到肩负的国家使命和社会责任。

3. 陶冶教育法的顶层设计

陶冶教育法,是指利用或创造有教育意义的环境,对学生进行潜移默化的熏陶,使其在耳濡目染中受到感化的教育方法。陶冶教育法的方式很多,主要有环境陶冶、情感陶冶、人格陶冶、艺术陶冶、科学知识陶冶、各种活动和交往情境陶冶等。陶冶教育法能缩小师生之间由于教育关系带来的地位差别,有利于师生进行平等交往,避免学生有灌输教育中的压抑感、心理防御和逆反心理。

陶冶教育法的顶层设计要注意四点:一是要精心选择和设计各种环境。二是要使学校的物质环境、精神环境充满教育意义。无数教育实践表明,重视并善于利用环境育人、情境育人往往会使德育产生深刻而持久的效果。教育管理者要努力利用学校的一切资源或者说把学生周围的一切资源都用来为学生的教育服务。三是要注意各种方式的有机结合。如良好的校园风气能加强班级环境陶冶的效果,而班级环境陶冶又能使学生深刻体验到良好校风。将情感陶冶或艺术陶冶寓于一定的情境之中更能深刻地感染学生。各种方式的有机结合能使陶冶产生巨大的效应。四是教育者要自觉地用自身的人格去感化学生。作为一名教师不仅要言传、言教,而且要善于身教、情教、德教。

4. 实践锻炼法的顶层设计

实践锻炼法是指通过让学生参加各种实践活动,使他们在活动中得到锻炼,从而培养其思想品德的教育方法。实际锻炼法主要有校内外的各种学习活动、文体活动、生产劳动活动、社会交往活动、传统节庆活动、校园礼仪活动以及团队、社团、班会活动等。

实践锻炼法的顶层设计要注意三点:一是要引导和鼓励学生自我锻炼。运用实践锻炼法时,应注意在严格要求和检查中引导学生自我锻炼。进行实践锻炼,学生有无积极性,效果大不一样。引导学生自我锻炼应解决好三个关键问题,即善于把锻炼要求变为学生自己的要求,引导学生多方面认识锻炼的价值进而激发锻炼的需要,努力使他们在获得成功中产生积极的情感体验。二是要引导学生进行各种实践锻炼,提出明确具体的要求并进行检查。没有要求和检查,学生容易降低认真度而变得松散。提出要求和检查要从实际出发,可根据学生的不同情况因人而异,注意从努力程度来评价。三是要给学生以必要的帮助,促使学生持之以恒,实现积习成德。学生在进行锻炼的过程中不可能不遇到困难,不可能没有挫折和失败,这时教师的热情鼓励、帮助指导意义重大。[1]

5. 修养指导法的顶层设计

修养指导法,是指通过指导学生自我教育来培养学生思想品德的一种教育方法,包括自我教育方法、自我学习、自我批评、慎独、体验、座右铭等。

修养指导法的顶层设计要注意三点:一是要通过榜样和激励促使学生产生自我修养的内在需要。只有当人内心具有修养需要时才能有自我修养的可能,而使人体验到需要的满足也能强化其修养的动机。二是要注意帮助学生确立正确的修养目标和方向。教师要引导学生积极投入社会实践中汲取精神营养,对缺乏正确修养方向的学生予以指导。三是要教给学生自我修养的方法。帮助他们找到修养的良好途径,培养他们自我教育的能力。

6. 登门槛技术法的顶层设计

所谓"登门槛技术法",是指在学校德育工作中,教育者运用心理学中的"认知协调"理论,在学生普遍认可的"基础道德标准"的前提下,循循善诱,逐渐提高受教育者品德水平的德育方法。

当一个人对某种小请求不便拒绝或找不到拒绝的理由时,就会倾向于同意这个请求;人们为了保持自身形象的一致和避免自我认知的失调,一旦表现出助人、合作的言行,即使别人后来提的要求有些过分,也愿意接受。这就是"登门槛效应"。德育工作也应该这样做。我们将这种方法移植到德育活动中来,便可称作登门槛技术法。

登门槛技术法的顶层设计要注意两点:一是以"基础道德标准"为基本要求,然后再逐步提高。要使学生品德提高,不能硬性而简单地提出要求,也不能一下提出太高的要求,切不可操之过急,企图一蹴而就。而应首先提出基础道德标准,诸如诚实、公正、相互尊重、遵守社会公德等;然后,在此基础上逐步提高对学生的品德要求。二是保护学生的自尊心。自尊心是自我意识中最敏感的部分,是肯定自我形象、维护自我尊严的心理需要。任何人都不允许别人亵渎、侵犯个人的自尊心。日常生活中的一些矛盾、纠纷和攻击性行为,往往都是因为自尊心受损害而引起的。

7. 冲突引导法的顶层设计

所谓"冲突引导法",是指在德育活动中,教育者虚拟再现各种道德冲突情景,让学生间接"体验"各种道德场合,辨析各种道德言行的利害实质,以引导学生理性地走出道德冲突,并树立正确的人生观、价值观和道德观的德育方法。

"冲突引导法"的顶层设计要注意三点:一是引导学生正视道德冲突现象的存在。所谓"道德冲突",是指道德主体在进行道德选择时所遇到的一种矛盾状况,它会使主体陷入举棋不定、左右为难的境地。也就是说,道德主体在特定的情况下必须做出某种选择,但这种选择一方面符合某一道德原则,另一方面又违背了另一道德原则;一方面实现了某种道德价值,另一方面却又牺牲了另一道德价值。这是现实生活中我们必须面对、不能回避的问题。二是指导学生理性地面对道德冲突。在社会生活中,存在着中国与西方、传统与现代、进步与落后、新与旧等诸多道德冲突,这往往令人眼花缭乱,甚至无所适从。我们不可能把学生置于"思想无菌室"中,唯一的办法就是帮助、指导学生理性地面对道德冲突。三是引导学生灵活地化解道德冲突。教师首先要对学生的道德水平做出判断,然后选择适当的道德两难事例或用学生思想中的"困惑点"、"疑难点"来引发讨论,以使他们"通过冲突,冲刷、洗涤思想上、道德上的污泥浊水,蜕掉肮脏陈腐的东西,吐故纳新,超越自我,实现自我完善"①。

8. 情感激励法的顶层设计

所谓"情感激励法",是指在德育活动中,教育者运用真挚感人的言语、举止、表情、情景以及其他情感因素作为教育手段来调动学生的情感活动,使学生的心灵受到感化的一种德育方法。这一方法是根据心理学上的"皮格马利翁效应"(又称"罗森塔尔效

---

① 何建华. 道德选择论[M]. 杭州:浙江人民出版社,2000:249.

应")提出来的。

美国心理学家罗森塔尔和雅克布森(R. Rosenthal&L. Jacobson)曾经在一所小学做了一次类似于智力测验的"发展预测"实验。他们不是根据测验成绩而是随机在各班抽取20％的学生,并故意向任课教师透露说这些学生的"智商"过人,他们将来的学业成绩会很优秀。这些被说成"智商过人的学生"其实是一般学生。过了8个月之后,他又去该校做了第2次智力测验,发现向教师暗示过的"智商过人"的学生,不但智商有明显的提高,而且学习成绩普遍进步、情感丰富、求知欲增强。究其原因,发现这几个学生后来一直受到教师的特别关照。由此可见,教师对学生投入积极的情感,并为此创设良好的外部环境,就会产生一种常规教育难以达到的效果。情感激励在德育工作中亦有重要作用。

情感激励法的顶层设计要注意以下两点:一是满腔热情地对待学生。情感蕴含着无穷的力量,它会促使人产生某种行为倾向。在现实生活中,教育、说服一个人并非易事,但只要倾注真情,坦诚以待,就会取得成功,这就是情感的魅力,正所谓"人非草木,孰能无情"。因此,教师要以饱满的热情和真诚的关爱去对待每一个学生,给学生一种积极的情感导向,以激起学生的情感回应和共鸣。二是要"晓之以理,动之以情"。在德育过程中,理论的讲解与理性的疏导是完全必要的,但若教师总是板着一副面孔,一味地生搬硬套、照本宣科,德育的教育力量和实际效果则会大大降低。为此,道德教育要寓情于理,寓情于知识,情理相融,使学生在一种愉悦的心境中领悟知识,增添情趣,培养个性,升华人格。

9. 自发对称破缺法的顶层设计

所谓"自发对称破缺法",是指在德育工作中,教育者首先将品德规范固化在一些先进分子身上,再通过他们行为的示范影响、扩散到其他人身上的一种德育方法。这一方法是依据物理学中的"自发对称破缺"原理和心理学上的"从众心理"而提出来的。"对称"是自然科学中的一个普通概念。当系统状态发生变化时,若从无序均匀分布状态变化为有序结构,对称性则降低,物理学上称之为"对称破缺"。而这种由于自身原因导致对称性降低、有序度增加的情况则被称之为"自发对称破缺"。物理学上自发对称破缺的现象很多,如海森堡研究过的磁矿石的例子:在一种带磁物质中,假若人们能够使无数个磁针指向任意方向,混乱之后不久便会井然有序。在某个地方,一堆磁针会或多或少地指向同一方向,而且它们会"劝使"相邻的磁针最后都指向同一个方向。

这种自发对称破缺现象在社会学领域中也能经常见到。例如，在某一时间，由于群体的压力，两个人在同样场合可能说同样的话，亦即人们并没有他们自己的喜好。这就是俗话所说的"随大流"，心理学上称之为"从众心理"。

自发对称破缺法的顶层设计要注意以下两点：一是要选择好起导向作用的"初始影响对象"。这种对象包括各方面的先进典型和非正式群体中的"意见领袖"（"意见领袖"原是新闻传播学中的一个术语，意指在信息传播过程中富有影响力的普通人物，这里借指学生群体中有一定威信和感召力的人）等受人关注的人物。二是要保证教育"初始影响对象"的内容积极健康，引导的方法得当。耗散结构理论认为，系统从无序状态向有序状态的演化是系统不断对称破缺的过程。同理，人的品德结构作为一个系统，也是一个不断从无序状态走向有序状态的过程，因而也是一个不断对称破缺的过程。一个人品德的形成具有连贯性，如果初始影响蕴含积极健康的因素，就会有利于一个人良好品德的形成。

10. 无意识教育法的顶层设计

所谓"无意识教育法"，是指在德育活动中，让学生在轻松愉悦的情境中通过无意识心理活动内化教育者提出的品德要求，以提高思想品德的一种德育方法。这一方法是依据心理学中的"无意识"理论提出来的。弗洛伊德认为："意识活动所包含的内容是极少的，在大多数情况下，大部分自觉性认识都长期'潜伏着'，换言之，都是无意识的，不为我们的意识把握和理解。"①这即是说，无意识心理活动在人的认识活动中占有极其重要的地位。在德育过程中运用无意识德育法，有利于突破传统的灌输方法，避免正面说教引发的逆反心理。有关研究表明，在某些情况下，教育的目的越明显，就越容易引起人们的逆反心理或对抗心理，德育尤其如此。人们对于越是得不到的东西越想得到，越是不能接触的东西越想触碰，这就是所谓的"禁果效应"（也称为"潘多拉效应"）。因此，要像政治社会学家莫里斯·迪韦尔热所说："思想意识的传播不能采取直线的方式，只反复灌输一些无意识的行为方案，这些方案决定了人们必须按照意识的方向行动。"

无意识教育法的顶层设计要注意三点：一是要精心组织活动。无意识教育法的关键是要寓教于乐，寓教于活动。各种校园文化活动一方面可以满足学生的表现欲，另

---

① 西格蒙德·弗洛伊德著，滕守尧译. 性爱与文明[M]. 合肥：安徽文艺出版社，1996：161.

一方面又在无意识中对学生起到自我教育的作用。二是要充分发挥各学科教学的德育功能。中国自古就有"文以载道"的优良教育传统,而且各学科内含有丰富的德育因素。比如:语文课可以通过对英雄人物和先进事迹的介绍分析,提高学生的思想觉悟;历史课可以通过讲述我国5 000年的文明史使学生树立起民族自豪感;即使像数学、物理、化学这些纯客观知识的学科,也可以通过数学中正负数的教学,物理学中"同性相斥、异性相吸"原理的教学,化学中"化合与分解"的教学,使学生初步树立起辩证唯物主义的观点;音乐、美术课可以陶冶学生的情操;体育课可以锻炼学生的意志,使学生养成遵守规则的好品质。尤其是一些学识渊博、人格高尚的教师,其言传身教的影响力极大,他们在学生的心目中享有崇高的威望,他们的话语常被奉为金玉良言,他们的行为往往成为学生效法的楷模。三是要优化校园环境。无意识教育法注重的是启发和诱导,强调的是直觉和灵感,追求的是一种"此时无声胜有声"的效果,因而它要求在良好的环境氛围中进行德育。良好的环境能使人在情感上产生共鸣,在理智上受到启发,在心灵上受到净化,在行为上趋向一致。例如,在一尘不染的现代化超级商场,在清洁如镜的城市街区,没有人随地吐痰、乱扔纸屑,是因为人们不忍心污染、损害这种优美如画的环境和自然和谐的气氛,自觉地约束自己的行为。此外,良好的校风、教风、学风等,都是无意识教育法的重要内容。①

案例分享

务本求实　构建魅力德育

德·育·现·场

务本求实　构建魅力德育

上海市第二初级中学创办于1962年,1997年成为与具有百年历史的上海市

---

① 冯文全.论新时期学校德育方法的变革[J].中国教育学刊,2005(3):16.

重点中学——上海市第二中学资源共享、特色衔接的初级中学。学校全面实施素质教育，坚持"以人的发展为本"的理念，努力探求适合学生的发展、张扬学生个性特长的发展、追求师生协调持续的发展的教学方法，取得了令人瞩目的成绩。学校提出创建"三味"校园，即："书卷味、学术味和人情味"，引导每位学生做一个"有文化"的人。使学校成为莘莘学子向往的乐园，在这里学生学会学习、学会做人、发展个性，在这里教师们尊重每一位学生，关爱每一位学生，学生因教师而成才，教师因学生而成功！

理·性·思·考

一、德育的现状

当前德育存在的主要问题是实效性差、缺少魅力，很难真正打动学生的心灵，很多学生厌倦德育，许多德育工作者整日辛苦奔忙却无法体会到自身的价值。

1. 德育的价值取向偏移

过多地强调传递既定的道德规范，忽视学生的道德主体性，忽视在真实的生活过程中对学生基础德行、品格的培养，这容易形成学生只知道背诵道德条文、把口头的道德言说与自己的生活行为分离的双重人格。同时，以约束、防范学生为主，缺少对学生的积极引导和大胆激励。学校德育往往脱离社会生活的大系统，学校像个被制造出来的"无菌室"，脱离生动的人际交往和具体情境，对学生在社会生活中遇到具体问题时的道德判断和选择帮助不大，学生很难形成实际的道德体验，因而很难对现行德育产生兴趣。

2. 学校德育工作者的认识狭隘

德育观念陈旧，缺乏道德创新精神，对德育对象的新变化缺乏敏感性，对新形势下的德育如何操作缺少方法上的调整和适应，德育过程中的情感投入不足。认识的狭隘导致了行为的偏差，在管理上存在着崇尚一致、追求统一、强化刺激的思路，这具体体现为：对学生的管理，寄希望于通过统一的安排、计划、落实、检查、奖惩等方式，以实现学校德育工作的规范与目标的达成；缺少对各年级和各班主任的个性与创造性的尊重，缺少对可能的发展空间的开放。因此，形成一种规范过多、个性不足、缺乏创意、缺乏生气的学校德育状态。

3. 学校德育过程存在较多形式主义倾向

校长室和政教处经常只是单方面考虑上面所下达的德育任务,而较少考虑学生的实际品德基础和品德需要,组织的德育活动缺乏吸引力,忽视学生自我教育能力的培养。学生的道德成长与身体成长一样,需要从多渠道汲取营养,而学校的德育过程往往满足于开展了多少次主题活动,重显性、轻隐性,忽视了发挥教师示范、自然陶冶、校园文化、学科教育等多渠道的德育功能;重视德育内容的调整,而忽视相应的方法和途径方面的改革。

4. 德育方法的主体错位

有专家指出,当前学生的主导性道德需要已经发生了变化,从过去的注重道德身份的获得转到注重道德尊严的确立,道德生活的主体性日益明显。而在以往的学校德育中,受传统教育观念和教学模式的影响,教师与学生在德育中的地位出现偏差,教师居于中心地位,学生处于从属地位。学校的德育方法往往重传递、轻思考,忽视道德选择能力的培养;当代中学生自我意识、民主意识增强,而学校的德育方法往往重灌输、轻交流,习惯于"我说你听……",缺乏平等对话和情感沟通;学生道德观的建立、行为规范的养成,既需要静态的晓之以理,更需要动态的品德践行,而学校的德育方法往往重说教、轻行动,忽视了德育过程中由知到行的转化环节;学生良好人格和道德习惯的养成,既有赖于严格的要求和纪律约束,更有赖于学生自身对道德理想的追求和坚持不懈的自律慎独,而学校的德育方法往往重外律、轻内修。

二、理性重建

1. 确立学生在德育中的主体地位

传统教育观以知识为核心,现代教育观以人为核心。以知识为核心必然强调"教",教育的重点通常是知识的提供者和知识内容本身。以人为核心必然强调"学",教育的重点是学习者本身。由强调"教"转变为强调"学",联合国教科文组织的文献中认为,"这种转变看起来似乎是微妙的,然而却具有极深刻的意义。……它充分考虑到学习者自身的作用,其着重点在于学习的过程和结果"。

"教师现在已经越来越少地传递知识,越来越多地激励思考;……他必须集中更多的时间和精力去从事那些有效果的有创造性的活动,互相影响、讨论、激励、了解、鼓舞"。

教育核心的转变必然使得教育的重心从教师转向学生。现代教育以人为核心,实质是以人的全面发展为核心,以开发人的潜能为核心。学生的学习重点不再是掌握知识,而是学会做人,即学会学习、学会生存、学会创造、学会过道德的生活。《上海市普通中小学课程方案》提出:"以德育为核心,注重培养学生的创新精神、实践能力和积极的情感。"这样的教育目的必然带来学校教育内容、教育过程的重心转向学生,这是社会发展的必然要求。"随着生产力的发展,社会财富的增长,它为人们提供了更多的剩余时间,使人们可以从事生产以外的其他社会活动。……人们可以在生产以外较全面地发展。因此,教育不仅是劳动力的教育,而且还应该是社会主体"人"的教育;教育不仅是生产者的教育,还应是消费者、享受者的教育。"

学校德育是学生的德育,德育过程应引导学生主动参与,让学生在德育实践活动中自我体验、自我感悟,提高学生的判断能力与选择能力,使自身的活动切合自己的个性和心理能力,能够对自己做切合实际的规划,实现道德的自省、自律和自我提升。班主任的角色在班级建设中逐步向组织者、参与者、合作者、指导者转化,学校层面和班级层面都要为学生尽可能多地自我探索、自我发展创设时间和空间,让他们在认知和实践活动中经受磨炼、增长才干,为成就未来奠定基础。

2. 树立德育新理念

面对新世纪知识经济的挑战,综合考虑全球信息化、生活化、生态化、价值多元化和社会主义市场经济的影响,要从以下五个方面更新德育观念。

(1)生活的德育

很多中学的德育实践以"理想世界"取代日常生活,结果是使校园德育脱离了现实生活,使教师、特别是学生感受不到生活的丰富性和乐趣,学生普遍地感到学习是一件令人厌倦的事情。大量优秀中学生的实例表明,学生的生活和学习存在着相互促进的作用。从根本上讲,生活世界是德育魅力产生的源头,学校德育要从理想世界中走出来,从抽象化、空洞化的说教王国里走出来,回归丰富多彩的日常生活,构建生活的德育,让学生体验生活和生命的乐趣。

（2）关怀的德育

关怀伦理学是当代西方伦理学中的重要理论,它强调人与人之间的责任、情感、关系以及相互关怀。大量研究证明,德育实效性的前提条件之一,是教师对学生的关怀。教师要把关怀作为德育的内在要求,去关注学生的生命,关注他们的情感世界,要把"关怀"作为学校德育实践的核心问题,使德育浸透情感关怀,满足身边每一位学生对关怀的需要,并发挥榜样力量引导学生学会关怀,学生在关怀他人的生活中会获得许多有益的东西。

（3）生态的德育

生态德育的追求已成为21世纪道德发展的新境界,生态德育观要求教育者从人与自然相互依存、和睦相处的生态道德观点出发,启发、引导学生为了人类的长远利益,从小树立自然观,正确理解和处理人与自然的关系,有意识地控制人对自然的盲目破坏行为。因此,学校德育的设计和运行过程,应处处体现生态理念,如,通过创建绿色校园、绿色社区等实实在在的体验活动,激励和引导学生体验生态美,提升生态觉悟,生成生态意识和生态智慧。

（4）智慧的德育

古希腊苏格拉底、亚里士多德多次强调,善、德行离不开"智慧"和"明智"。智慧的德育是追求智德统一的德育,它既注重培养学生的认知能力、理性、对公正与正义的判断能力,也注重对内心情感体验能力的培养。它有丰富而独特的学校文化,是尊重和张扬师生个性人格的德育。有思想有智慧的德育才会使人们对道德和德育产生向往,从而使人人自觉地遵守道德、亲近德育,因此这是一种充满创造性的生机勃勃的德育,是使学生成为生活主人的德育。

（5）网络的德育

如今,网络已走进学校和家庭,成为现代人生存的另一个空间,并向学校德育提出了严峻的挑战,同时也提供了发展的机遇。利用网络条件开展德育工作,将会成为新时期德育工作的新途径。德育工作者要积极应对,加强网络道德教育,充分利用网络培养学生的批判性思维、发挥校园网络的育人功能,为学校德育营造一个良好的外部环境,促进其健康发展。

顶·层·设·计

一、目标与内容

1. 德育目标层次化

我校针对各年级制订的目标体系为:预初年级以目的性教育为主,培养学生良好的学习习惯;初一年级进入青春期早期,进行责任感教育;初二年级防分化,以转化的目标管理为主,创造让每一个学生都能得到健康发展的机会和条件;初三年级则以人生观教育和理想前途教育为主,让学生做出第一次接受选择的准备。同时注意同一年级中不同学生的特点,以同一年级不同学生为例,对积极求上进的学生注重社会理想、价值观念的教育;对松垮懒散的学生从行为规范抓起,增强他们的自律能力。

2. 德育内容生活化

我校在一次学生问卷调查中发现,他们感到德育活动中的很多内容与现实有距离,有些内容空泛、抽象,而有的内容又无聊、幼稚。这说明很多德育内容的选择和编排与学生的道德心理发展水平不匹配,缺乏与学生生活的契合点。学生是"有眼、有耳、有头脑"的主体,只有在学生主动参与与分析选择时,学校德育工作者才能通过积极引导使学生确立真正内化的、稳定的价值体系,这就要求德育内容可信度高,符合学生的认知和身心发展规律,符合知识建构、能力培养和情感养成的规律,因此必须贴近学生的实际和生活。德洛布尼斯基强调,道德是渗透在人的全部生活中间的,德育必须向全部生活世界开放。在此关键是要把人类最基本的传统美德与我国当代的社会文化、社会生活,尤其是学生的生活经验和背景很好地结合,找到适当的契合点。

现在的青少年生长在一个社会经济、科技、文化极大发展的时代,他们乐于接受新事物,主体意识、平等意识增强,他们的行为时常表现出一种新的价值追求和新的生活方式。人的生活、社会的变迁和青少年的变化是生生不息的,在不断的变化中展现出新生活,如网络问题、大众传媒问题、服饰言行的变化等。学校德育不仅不能回避这些新问题,而且要不断地向这些新问题开放,去应对和解决这些新问题。因此,学校的德育内容要体现时代特征、指向学生生活,学校德育要向社会大系统开放、向新生活和未来开放,使学校德育与外部世界保持联系,增强学校德育的活力。例如,社区文化、社会实践、家庭生活中到处都有德育的资源,学校在带领教师一起选择德育实施的具体内容时,自觉增加了社区服务,丰富了综合实践活动,重视家庭生活,密切家校联系、社区联系,构建学校、家庭和社区组成的大德育网络。同时,中学生对个人同集体、国家的关系已有一定的认识,已形成一定的道德观念,开始具备自我教育的基本能力,在为他们设计德育内容时,以学校和生活中的事实为基础,结合社会上的热点问题,深刻说明其社会意义,力求符合学生的道德要求。这样,他们才会感到亲近和实在,才能解决他们的思想和道德的实际问题。

二、方法与途径

德育方法的实施是教育者和受教育者的双边活动。[①] 德育方法的改革与创新,必须从学生思想品德发展和学校德育方法运用效果的实际出发,追求实效。

1. 由单向灌输向双向互动转变

现代社会飞速发展,新的观点和知识层出不穷,教师很难做到"先知先觉",很难达到绝对正确。而且社会道德本来就不是非此即彼的简单判断。因此,教师不能够帮助学生解决所有的道德难题。社会发展至今,加之文化反哺现象的出现,教育者越来越多地面临来自青少年的种种质疑和反叛,教育者原有的权威已开始被打破,由教育者所主宰的通过单向灌输方法实施的德育已步入低效的迷谷。[②] 道德体现的是人与人之间的一种关系,这种人与人之间的关系要靠学生在实践中,在与人交往的过程中去习得,靠灌输去死记硬背一些教条的知识概念不是道德。我校在德育过程中,引导教师在一定程度上认可学生的认识能力和分辨能

---

① 古人伏. 德育学教程[M]. 上海:华东化工学院出版社,1993:282.
② 朱小蔓. 中小学德育专题[M]. 南京:南京师范大学出版社,2006:23.

力,相信他们在某些问题上有超过自己的思考,并认真学习、深刻思考,进行自我批判和选择,主动与学生平等交流,还要引导学生消除对教师、对家长的依赖,使学生真正认识到自己是个人道德生活的主体,以对本人负责的态度,以一种积极进取的自觉成长的生活观,与教师一起探讨、共同思考,日益走向道德成熟。学校在德育方法上,经常运用民主对话、主题辩论、质疑答疑、情感沟通、心理咨询、两难问题抉择、价值观辨析等方式,调动学生、教师双方的积极性,以情感为纽带,在互动中感受、体验,以实现道德的共同进步。

2. 由封闭式向开放式转变

完整的道德品质由认识、情感、意志和行为共同组成。行为是一个关键因素,是道德品质的落脚点。如果道德教育仅仅满足于提高学生的道德认识,却不能使学生付诸道德行为,这样的道德教育只能半途而废、收效甚微。以往学校德育往往满足于讲解道德知识,对学生情感、意志和行为的培养相对薄弱,造成相当一部分学生道德认识不少、道德行为却不多。学校德育不能仅停留在口头教育上,一味地单向灌输、硬性要求往往达不到预期的效果,甚至会使学生产生逆反心理。因此我校注重开发、推行多种多样立体化、开放式的德育方法,鼓励学生走出校园、走向社会,积极参与真实的实践,体验复杂多变的社会道德情境,尝试进行道德抉择,在与人交往中体验情感,在克服困难中磨炼意志,在解决具体问题时履行道德行为。

学校重视加强实践环节,例如,让学生参与学校管理、负责学校事务,参与社会服务、参加志愿者活动,开展文明修身活动,学军等。学生是实践的主体,从设计到联系,从实施到组织都发挥学生的主体作用,使他们在纷繁复杂的社会现象中能理性地判断和处理各种道德问题,从而能理性地面对人生。

3. 由传递知识向塑造人格转变

德育的最高境界是使人具有完美的人格。按照孔子的观点,尽善尽美才是完整的德行人格。尽管这一目标对具体人来说,可能有些遥不可及,但正是这种理想,激励着人们发奋进取、探索创新、追求高远。一段时间以来,德育理想谈的少了,也被纳入了"应试教育"的轨道,通过抽象的说教单纯传递政治或道德的知识,忽视了对学生和谐人格的培育。其结果是高分低能者随处可见，具备知识却缺乏道德者随时可遇。一个人仅有知识是远远不够的，对于教育来说，仅仅传授知识也是远远不够的。

道德是一个人的灵魂，也是一个民族的灵魂，漠视灵魂的塑造，这个民族肯定没有希望。学校德育承担着塑造青少年人格的历史使命，使青少年一代拥有美好的理想、高尚的道德和完善的人格。在知识化、网络化、信息化社会，也许一个教师不能更多地给予学生知识，但教师完全可以用自己的人格力量去感化一个学生的心灵。学校德育要尽快走出单纯传递知识的误区，以塑造健全人格为德育的宗旨。围绕着全面育人，推行素质教育的教育改革方向，学校德育方法可以具体考虑生活辅导、心理咨询、挫折训练、角色扮演、人际交往训练、艺术陶冶、榜样模仿、偶像分析等，教师指导、鼓励学生学会自我判断、自我抉择、自我控制和自觉成长。

我校善于创造和运用各种科学合理的方式方法，争取最好的德育效果。充分挖掘学科教学中显性和隐性的教育内容，充分利用青春期教育、心理教育、安全教育、健康教育、环境教育、禁毒教育、法制教育等专题教育形式，充分借助班团队活动，节日、纪念日活动，仪式教育，学生社团活动，社会实践活动等多种课外活动载体，从基础型课程、拓展型课程和研究型课程中提取民族精神和生命教育的要义，针对学生的身心发展规律，在教学与活动中主动地、灵活地、创造性地、有效地加以落实，不断培育民族精神，提升青少年的生命质量。

三、管理与评价

1. 德育管理校本化

学校德育管理是学校根据国家有关文件和学校德育目标与任务，借助不同的激励形式与手段，展开教育性的互动过程，以确保学校德育目标的实现和德育任务的完成。[①] 学校德育的价值取向在于促进学生的生命成长，"关注每一个学生，把学校教育价值观聚焦到为每一个学生的终身学习与发展，为实现幸福人生奠定

---

① 吴志宏.教育管理学[M].北京:人民教育出版社,2006:173.

基础上"①因此,学校德育的根应该扎在自己学校的土壤中。我校根据自己学校的历史、现状、问题与发展空间,自主规划学校发展,积极开展学校科研,开展具有个性特征的文化建设,降低管理重心,重构学校管理体制与运行机制,自主构建"反思—重建型"的管理方式,关注学校师生日常生存方式的转换。面对具体的学校状态和具体情境中的学生,学校在宏观和微观的层面积极主动地探索、改革和发展,实施校本化的德育管理,推进德育改革与创新。淡化机械性、强化灵活性,淡化事务处理、强化问题研究,淡化执行政策、强化落实校本,改变单向思维,形成多向互动和协同统整的管理思路,追求育人的实效和管理的长效。

作为教育者的教师,绝不应无视学生的生活背景,而应将学生的成长空间有效地把握、合理地利用。②从家庭到社会,从各类实践基地到大众传媒,都对学生产生着这样那样的影响,学校德育管理要统整集聚各类教育力量,在过程中多向互动,帮助学生在瞬息万变的社会中挖掘教育资源,吸收教育养料,从而更好地发展自身。例如,我校把家庭教育指导作为德育工作中重要的一环,把学生家长同学校教师、特别是班主任密切联系成一个教育联动群体,详细制订出"家校"联动计划。对于家长的建设性意见与合理化建议,尽量在工作中加以落实,弥合学校与家庭之间因"时间、空间、内容"上的错位而带来的教育隔离和教育沟壑,寻求德育的最大值和最优化。

在管理的过程中,学校不仅关注目标、计划的执行与落实,更关注过程中的变化和整体状态的发展;不仅遵循上下级的管理关系,更将教育行政部门和学校整体的思想与价值取向创造性地渗透到本校的德育管理工作之中,并以内生于学生和教师的创造性来丰富教育政策、拓宽教育政策的发展空间。具体分析本校学生发展工作的状态、问题、优势与潜力,充分征求师生意见,制订学校德育管理的工作方案或计划。系统研究德育的目标、内容、方法与管理的相关性,形成学校层面、面对不同年级的教育系列,而不是零散的、毫无关系的一些主题教育活动、仪式。

---

① 叶澜."新基础教育"发展性研究报告集[M].北京:中国轻工业出版社,2004:19.
② 缪建东,徐亚莲.中学教育力量整合[M].南京:南京师大出版社,1999:17.

学校在管理过程中还特别注意分析并掌握管理过程中人的活动规律,加强班主任校本研究,建立健全德育工作激励机制,优化班主任群体心理,充分尊重、发挥教师在德育决策、管理上的自主性与创造性,让更多的人关心德育;把德育与本职工作结合起来,动员、组织更多的人参与决策和管理,主动地参加各项活动;把德育同个体的切身利益结合起来,与解决实际问题结合起来,满足个体发展与提高的需要。德育处凝聚人心、聚集力量,有效发挥调动情感、指导思维和支持行动的核心作用,形成富有吸引力与推动力的育人团队。

在学校德育管理中,每一位教师不仅仅做上传下达的传递工作,也不仅仅默默无闻、兢兢业业却缺乏创意地工作,而是在明确价值取向和重建新的目标系统的前提下,汇聚各种资源,吸纳各种力量,推进德育改革,在改革中不断创新,最终促成德育目标的实现。同时,这个过程对于每一位教师来说,不仅仅是一种工作,更是一种有价值的生活实践,是一段个体的成长历程。

特·色·德·育

"我以大师为伴,大师教我做人"主题活动的设计与实施

一、背景与目标

当今我国正处在改革的攻坚阶段和发展的关键时期,社会正在经历飞速发展和深刻变化。上海是我国改革开放的前沿城市,开放的环境、多元的信息对中学生的成长构成了双重影响。既有促进他们自主发展、形成独立人格的积极的一面,使中学生的主体意识和竞争意识明显增强;也有导致他们历史方位感迷失、价值错位的消极的一面,许多中学生的价值取向存在着讲求"实用"、讲求回报的功利化倾向。我们还必须看到,大众传媒的迅速发展正对中学生的行为规范、生活态度和价值观念产生相当大的影响。这些都向学校德育提出了严峻挑战。

学校在深入分析学生成长环境、研究学生成长需要的基础上,从学生和学校的实际出发,利用优秀的媒体资源,设计开展了主题为"我以大师为伴,大师教我做人"的教育活动,组织、指导学生观看纪录片《大师》,参与系列体验活动,走近大

师的人生和思想,感受大师的智慧、创造力和奋斗精神,启迪心智、重塑形象,学会求知和做人。

二、创意与内容

《大师》是上海电视台纪实频道制作和播放的文化系列片,记录和展示了多位19世纪90年代到20世纪90年代,在中国各个领域里创造出卓越成就的大师的厚重人生,是一份高品质的精神食粮。我们选择将这一优秀的媒体资源引入校园,并根据初中学生的认知规律和心理特点,综合利用升旗仪式、校(班)会、午会、宣传板报、学科教学等多种形式,系统设计以下活动内容,过程中体现学生主体地位,内容上深化民族精神教育,引导学生逐步深入,从了解到感悟,从心动到行动,力求给每一位学生留下深刻印象、产生教育意义。

1. 观看纪录片——结识大师

每周五的午会时间,全校学生一起在各班级教室内观看《大师》,有一些大师并不为学生所熟悉,因此,观看前先由红领巾广播站的学生用三分钟左右的时间做简要的介绍。动情的语言、精致的画面很快就吸引了学生的眼球,在镜头不断切换的过程中,学生了解了大师们的研究领域、主要经历和学术成就,他们在教育、科学、文学、艺术等领域努力开拓和不懈奋斗的人生传奇深深触动了学生的心弦。蔡元培崇尚思想自由、马相伯饱含爱国情感、傅雷疾恶如仇的执着品格、童第周追求科学的求实精神,等等,每一位大师都给学生留下了深刻的印象。

每认识一位大师,学生要完成一张活动卡,内容如下:

我认识了大师:研究领域,突出成就,传奇经历,(令我印象最深刻的)精神情怀,(令我最感动的)品格,我想对大师说……联系自身,大师对我的启迪等。

2. 阅读名著——感悟大师情怀

几十分钟的纪录片,仅仅是大师人生与思想的浓缩,但是却激发了学生探寻的渴望。为了满足学生的需求,学校开展了"名著·大师·人生"主题的读书节,向学生推荐了《傅雷家书》、《徐悲鸿一生》、《蔡元培传》等大师的传记或作品,指导学生到书中感悟大师充满奉献与爱心的博大情怀。学生通过写读后感、演讲等形式表达对大师的感悟与崇敬。

很多学生在读了《傅雷家书》后，发出这样的感慨："傅雷可以说是千千万万个父亲中的一个杰出代表，天底下伟大的父亲又何止傅雷一人？其实，我们身边的父亲也跟傅雷一样平凡而伟大。我们的父亲也是经常为家人的生计、为我们的学习，为了我们能成为一个正直和对社会有用的人，费尽心血。这本《傅雷家书》真的让我懂得了非常多的道理，也让我更加了解父母的用心良苦，这使我和父母的沟通变顺畅了。"《傅雷家书》被学生誉为"真正的父母的爱之书"。一位学生在演讲中谈到徐悲鸿时说："细细品味这位百折不挠的大师，我看到的是一种精神：坚韧不拔，勇往直前。或许，我们不能做出惊天动地的伟业，但是我们能走好自己脚下的路，在先辈们开拓的求学之路上，踏实地走、认真地走。"

3. 寻访大师足迹——参观大师遗迹

上海是一座具有深厚的历史传统和文化底蕴的城市，很多大师在此生活和奋斗过，留下了故居、雕塑等宝贵的教育资源。为了拉近与大师的距离，亲身体验大师的为人为学，学生以小组为单位开展自主的社会实践活动，走出校园，寻访大师的足迹。在老师的指导下，学生通过网络搜索、资料查阅等途径确定寻访的地点和内容，在假期里结伴出行，活动结束后撰写考察日记。

有一个小组周末到徐汇中学校园里瞻仰马相伯的雕像，他们的考察日记是这样写的：当我们对着雕像行注目礼时，感到这位者者也似乎正以慈祥而坚毅的目光注视着我们。纪念先驱是为了激励自身，马相伯老人对事业执着追求的精神和爱国救国的情怀是我们学习的楷模。另外，黄炎培、丰子恺、蔡元培、郭沫若等大师的故居，都留下了学生寻访的足迹。

4. 穿越时空的敬仰——我给大师写封信

随着活动的开展，学生对大师的了解不断深入和立体。大师们在各个领域开风气之先，经历的不平凡的人生境遇，做出的令人敬佩的贡献，都在学生的心里激荡起层层涟漪，引起震撼与感动。学校倡导学生选择一位大师给他写封信，抒发对大师的敬仰之情，同时总结自己在"我以大师为伴，大师教我做人"主题活动中的成长体验。

在一封写给黄炎培的信中，有这样的字句：我从您的身上强烈感受到民族自豪感和追求真理、忠于祖国、热爱人民的精神气节。我不禁为自己经常表现出的狭隘的心胸感到汗颜。

下面的片段摘自一位学生写给蔡元培的信：

在认识您的过程中,久久萦绕心头的一种情愫便是敬佩。敬佩您的勤学苦读。您在不惑之年赴德国留学,在大学学习的三年时间里,听课总计 40 门,几乎涵盖了所有的人文学科。这是多么令人震撼啊! 您,一个年过不惑的中年人,在异国他乡为了追求理想如饥似渴地学习,并在学术研究上取得重大成果……或许,一个朝气蓬勃的年轻人也未必能做到如此吧! 我不仅看到您心中学习的热情,还看到了您对"教育救国"这一理想的不懈追求。我想,我们正值 14 岁的花季,将来还有很长的路要走,我们怎能浪费青春,虚度年华呢? 您,已经告诉了我们应该去做什么。

5. 大师启迪人生——我的凡人小语

学生在大师们的启迪下慢慢领悟着求知做人的真谛。只有经过结合自身的反思,才能真正对行为和意识产生积极的作用和影响。因此,学校开展了"我的凡人小语"征集活动,由学生提炼亲身感悟,创作属于自己的名言——凡人小语。全校学生释放灵感、激情创作,产生了一批有思想水平的凡人小语,他们从立志、情感、和谐、学习等方面多角度、多层次地表达了对理想的认识、对前途的憧憬和对人生的见解。下面是其中的一小部分:

真正的大师都是既有超群的品格气节又有卓越的学术成就的人,这启发我一定要做品学兼优的学生。

勤奋无论何时都是成功的前提。

热爱民族,服务祖国——这应该成为我们每一位青少年的人生志向。

学生反思切身经历和感悟,发挥想象写就的心语虽然稍显幼稚,却不乏智慧的光芒。

三、效果与思考

"我以大师为伴,大师教我做人"主题教育活动曲高但不和寡,相反地,受到了师生的广泛好评和喜爱,它拓宽了知识领域,改善了学习方式,提升了人文素养。

活动开展以来架起了传播民族文化的桥梁，营造了富有书香味、学术味和人情味的和谐校园。这得益于该项活动内容和形式两方面的独具匠心、步步推进。

内容上，这一主题教育活动将以爱国主义为核心的民族精神通过一个个鲜活的人物——大师们的成就、思想和品格予以展现，学生在了解大师人生、感受大师精神的过程中自然地受到教育：以自强自信的精神追求人生理想，以求实执着的品格投入民族复兴之路，同时对大师的敬仰与钦佩化为以温情和敬畏的态度对待中华传统文化。于是，活动的过程传播了民族文化的精髓，彰显了民族精神，使社会主义核心价值观在学生心中生根。

形式上，这一主题教育活动多渠道、多途径、多角度地展开，从校内到校外，从历史到现在，通过阅读、实践、体验、思考等环节，由外而内地作用于学生，再由内而外地展现出教育效果：增强了学生对历史文化的认同感和科学的探究精神。《大师》纪录片作为涵养人文素质的有效载体进入校园，不仅丰富了教育资源，更拓宽了教育渠道，是引导学生积极应对大众媒体的有益探索。这也说明学生是愿意亲近历史上的民族精英的，关键在于我们用何种方式让他们欣然接受。

大师的人生和思想是引领我们民族不断奋斗前行的精神财富，作为教育工作者更应从中受到启发和鼓舞；学校德育一定要不断变革和主动创新，才能满足学生的成长需要和国家的发展需要。

作为教育工作者，我们有责任将人世间美好的价值取向传授给下一代，也有义务在学生的心中燃起希望之火，再现理想之光，构建魅力德育！

上海市第二初级中学　崔鹏

专·家·点·评

上海市第二初级中学能理性地对当前德育价值取向、过程和方法中存在的诸多问题进行有理有据的分析和反思，并提出确立学生的主体地位，构建生活的德育、关怀的德育、生态的德育、智慧的德育和网络的德育等新时代的德育理念，是难能可贵的。

　　学校并没有满足于理性的思辨层面，而是基于德育理念和学校的实际，提出了一些具体的实践策略，如德育目标层次化、德育内容生活化、德育方法体验化和德育管理校本化等，而且每项策略后面都有方法层面的具体做法的呈现，这就构成了一个"理念——策略——技法"三个层次的立体化的德育操作系统，这一系统将学校德育思想、德育思路和德育方法很好地融合在了一起，每项具体的德育活动都能体现德育思想，每种德育思想都可以通过德育活动进行落实。这是一种我们倡导的德育工作的理想境界。

　　德育的具体开展需要载体，德育的突破需要切入口。载体和切入口是否适切在很大程度上决定了学校德育的针对性和实效性，也形成了一所学校的德育特色。学校从纪录片《大师》中敏锐地意识到了其中蕴含着的大量的兼具时代性和引领性的德育资源，并以此为核心，设计了"我以大师为伴，大师教我做人"的教育活动系列。凭借这一特色项目，学校的德育目标、内容和方法得以统合，一个既富有创意，又具有实践意义的完整的德育工作体系得以构建。伴随着这一学校德育工作体系的形成，一种理念与实践双向建构的良性态势得以确立。

徐汇区教师进修学院德育研究室　张鲁川

第五章
学校德育管理的顶层设计

学校德育不是哪个人能够在特定时间内独立完成的,而是在学校教育教学的全部时空展开的,是所有成员(校长、教师、员工、学生)共同参与、相互影响的动态过程,同时又是与学科教学、课外活动、师生交往、家校合作、社会参与等融合为一体的复杂过程。学校德育因而成为"众人之事",需要组织、协调、规划,学校德育管理的顶层设计就应运而生。

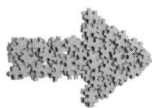

第 13 问：从管理哲学到管理科学，再回到管理哲学，如何厘清德育管理顶层设计的"管"与"理"的含义？

学校德育目标的实现不仅需要通过直接德育和间接德育多种途径，而且需要通过德育管理予以保证。学校德育管理需要顶层设计，这是进一步增强学校德育实效性的保障。

一、学校德育管理的含义

管理指一种人的活动，这一活动过程围绕既定目标展开，其进行需要顶层设计，组织实施，其中还要采取一定的方法和手段，以保障预期目标的顺利达成。因此，我们可以认为，管理是为了实现一定的目标任务而进行的行动策划，以及通过一定途径采取一定方法和手段进行积极实施的过程。

学校德育管理是为了实现一定的德育目标任务，运用科学管理思想，结合学校德育的特点和实际，通过一定的途径、方法和手段积极实施的过程。德育管理是学校管理的重要组成部分，是依据党和国家有关要求，按照学生身心发展的基本规律和思想品德形成的规律，组织和协调德育的组织与组织、组织与德育工作者之间的关系，使德育组织保持良好的机能状态，使德育工作者具有良好的精神状态，从而合理组织各种力量，提高德育实效，完成德育目标和任务的有效手段。[①] 对于学校德育来说，教育就是管理，管理就是教育。因为教育不能没有管理，而管理本身就是一种最有力的教育，所有这一切都基于组织和制度文化的中介，组织制度文化是管理中的教育与教育中的管理的结合点。

---

① 詹万生. 和谐德育论[M]北京：教育科学出版社，2008：245.

二、学校德育管理的顶层设计的含义

德育是一个受多方面影响的活动过程。这一过程由许多因素组成,有教育者、受教育者,德育的任务、内容和手段等。教育者也是多方位的,有家长、教师、相关社会成员。在这些教育者之中,教师是对学生进行思想道德教育的专门人员。在教师队伍之中又有分工,有班主任、政治(思想品德)课教师、团队干部、各科教师及后勤人员等。同时,教育任务的复杂,内容的多样,教育资源及其来源的丰富,加之教育对象的主体性、能动性,几方面都要求对德育活动有专门的管理,通过计划、组织、协调、沟通等环节来保持德育组织的良好机能状态和教育者良好的精神状态,以提高德育效率,增进德育的实效。由此可知,所谓学校德育管理,是学校组织系统中的管理者,根据德育要求,遵循学校管理的一般规律,在管理思想和教育思想指导下通过决策、计划、组织、协调、监督(或控制、评价),充分有效地利用德育的各种要素和资源,以达成中小学德育管理目标和德育目标的活动过程。学校德育管理作为客观的存在,表现为实际的管理活动的运行问题。

管理问题的起点是管理哲学,中间是管理科学,最后的终点再回到管理哲学。管理哲学涉及理念、文化、信仰和自律,而管理科学涉及的则是制度、流程、方法和工具,有了科学的方法论,理念和文化才可以复制,才可以重复,才可以延续。管理科学与管理哲学之间是什么关系?管理科学探讨的是"是什么"(What),而管理哲学探讨的是"为什么"(Why)。管理科学上升到管理哲学才有生命力,管理哲学落实到管理科学才有执行力。[①] 学校德育管理的顶层设计是将德育管理诸要素进行有机整合,形成完整的科学体系。学校德育管理内容的顶层设计包括领导体制、机制设置、德育队伍组织、德育规章制度建立、德育环境创设等要素,将这些要素有机地联系起来,构成了德育管理内容的顶层设计;学校德育管理过程的顶层设计具有计划决策、组织实施、检查调整、总结提高基本职能,各个职能前后衔接、相互结合、有序运转,构成了德育管理过程的顶层设计。正如美国著名管理学家莫纳汉断言:"面对现代社会的每一个主要问题,分析到最后,总是一个管理问题……每个社会问题,最后都要通过管理职能的某种方

---

① 高建华. 赢在顶层设计[M]. 北京:北京大学出版社,2013:31.

式求得解决。"①

学校德育本身也属于管理的范畴。我们常常问如何增强学校德育的实效性？可化用上述观点的概念，从两个方面回答这个问题，一是学校德育哲学问题，包括学校德育理念、价值观、文化等；二是学校德育科学的问题，包括学校德育目标、制度、决策、计划、组织、实施、指导、调控、奖惩和保障等，有效利用人、财、物、事、时、空及信息等要素，以提高德育实效性。如果只有理念，没有措施，就一定是空谈。学校德育工作者最缺的不是德育哲学，而是德育科学，不补上德育科学这一课，再好的德育哲学也不会变成现实。智慧成为永远正确、高高在上的口号，这是当前学校德育实效性不强的根本原因。无论从宏观层面上的学校德育整体规划，还是微观层面上的每一项德育活动或者具体的德育工作，都要描述背后是基于哪些特定的德育哲学，即我们到底是基于什么假设，基于什么理念，想达到什么目的，等等。教育工作者在没有弄明白德育哲学，没有想清楚到底希望得到什么样的结果之前，就匆匆忙忙进行德育工作的做法一定是收效甚微或是无效的。

三、学校德育管理顶层设计的意义

1. 学校德育管理顶层设计是贯彻党的教育方针的重要措施

德育管理具有德育方向的控制功能。德育方向的控制功能与德育管理的方向性特征具有内在的一致性。该功能是学校德育工作的方向性保障，也是学校德育的性质要求。这一功能的具体发挥主要通过两个途径：一是作为德育管理的最高层次，党和国家通过制定法规、提出意见来明确德育方向和大政方针；二是学校通过德育管理使之贯彻到具体的德育实践中。从组织领导的角度而言，德育管理对于保证德育方向具有最直接最有效的作用。我们不仅要认识到德育管理的这一功能，更要重视并善于发挥德育管理对德育方向的控制和保证作用。

学校德育管理顶层设计保证了德育方向与德育管理方向的内在一致性，是学校德育工作的方向性保障，也是学校德育的性质要求。学校通过德育管理的顶层设计，将党和国家的德育方向和大政方针，贯彻到具体的德育实践中。从组织领导的角度而

---

① 朱小蔓.教育的问题与挑战——思想的回应[M].南京:南京师范大学出版社,2000:405.

言,德育管理对保证德育方向具有最直接、最有效的作用。德育管理的核心是学校领导体制,关键是德育队伍建设,重点是教师思想的管理。只有科学的学校德育管理的顶层设计,才能从学校领导体制、教师队伍建设、教育思想等方面保证全面贯彻教育方针,发挥学校德育工作对学生健康成长和对学校工作的导向、动力及保证作用。

2. 学校德育管理顶层设计是落实德育首要地位的关键

德育管理具有德育要素的整合功能,即:通过德育管理的计划、组织、协调、指挥等职能,把校内外的所有可调动的德育因素科学、合理地组织起来,按照统一的目标和计划相互协调地发挥作用,这个作用可以大于各个部分功能之和。这就是我们所倡导的全员育人、全方位育人、全过程育人以及教书育人、服务育人、管理育人、环境育人的德育思路和格局。特别是德育环境、德育对象发生某些变化时,对德育全局性的调整只能靠德育管理来形成统一意志、统一行动,使德育的整体优势得到充分发挥。

只有科学、合理、符合学校实际的德育顶层设计,才能从战略高度把德育工作摆在学校规划计划、议事日程的首要位置;才能形成教书育人、管理育人、服务育人的局面;才能使德育工作制度化、规范化;才能从根本上杜绝学校教育中重视知识传授、轻视思想道德教育的"一手硬,一手软"的错误倾向。

3. 学校德育管理顶层设计是有效实施学校德育的根本保证

德育管理具有德育效果的保障功能。学校德育管理的重要目的就是提高德育工作质量和育人目标。学校德育管理通过制定相应的政策、制度,对广大德育工作者予以引导,并通过教育、关怀和尊重调动他们开展德育工作的积极性和创造性,激发全体教职员工做好德育工作的责任感和主动精神,以增强德育工作的实效;学校德育管理紧紧围绕德育目标和德育质量标准,实施一系列保证和提高德育质量的管理措施,并通过科学、合理地发挥德育各要素的作用,达到预期目的。事实也是如此,是否加强德育管理,确实会给德育质量带来不同的结果。在同样的环境、人员、学校等条件下,加强德育管理,德育的质量就有了保障;反之,德育质量就会失去控制。因此,我们要重视并充分发挥德育管理对于提高德育质量的有效作用。

学校德育管理的顶层设计对保证学校德育工作的顺利进行发挥重要的作用。学校德育管理的基本职能有:调查研究、预测、决策、措施设计、执行实施、用人、指挥、协调、指导、教育、激励、训练监督、考核问题分析、评价处理等,按学校德育管理周期诸阶段进行整理归纳,最基本的就是计划、组织、检查和总结。从动态进行研究,将这些职能活动有机结合起来,就是一个完整的管理过程。因此,从德育管理的职能和过程来讲,学校的一切德育工作都离不开德育管理的顶层设计,没有学校德育管理的顶层设计,就没有科学、健全的德育管理体系,就不可能落实德育内容、实现德育目标,就不可能畅通德育的渠道,就不可能形成学校、家庭、社会共同参与德育工作的新格局。

第 14 问： 德育的目的性、计划性和组织性特点决定着德育必须坚持方向性、整体性、民主性、开放性和创新性，而作为"众人之事"的学校德育管理要遵循的原则有哪些？

一、德育管理方向性原则

学校德育管理源于学校德育的内在要求，学校德育的政治方向性决定了学校德育管理必须坚持正确的政治方向。我们从德育概念来理解德育管理的政治方向性，"德育"是指教育者按照一定社会或阶级的要求，有目的、有计划、有组织地对受教育者进行系统的影响，通过教育者和受教育者双主体在实践活动中的互动，把一定社会的政治准则、思想观点、道德素养、法纪规范和心理需求，转化为受教育者个体的政治素质、思想素质、道德素质、法纪素质和心理素质的教育。德育具有社会属性、时代属性和阶级属性，我国学校是社会主义性质的学校，坚持社会主义办学方向，坚持德育的首要地位，立德树人，为社会主义事业培养有理想、有道德、有文化、有纪律的建设者和接班人是学校的根本任务。《中学德育大纲》明确规定，中学德育任务就是培养学生坚定正确的政治方向、科学的思想观点、良好的道德品质和健康向上的心理素质。对此，德育工作必须毫不动摇地坚持这个根本方向，德育管理同样要确保这一政治方向不动摇。

德育管理方向性的顶层设计主要体现在确立德育指导思想、制定德育计划、确定德育目标、选择德育内容、评价德育效果等方面。德育的政治教育主要对学生进行政治方向、政治立场和政治信仰的教育，而思想教育主要是对学生进行世界观、价值观、人生观及思维方式的教育。所有这些教育无不打上社会、时代和阶级的烙印。当前，坚持学校德育管理的政治方向性，就是坚持社会主义道路，坚持人民民主专政，坚持共产党的领导，坚持马列主义、毛泽东思想，这是中国共产党的立国之本。就是坚持社会主义意识形态在学校德育工作中的主导地位，用社会主义核心价值观指导学校德育，坚持正确导向，提高引导能力，壮大主流思想舆论，保证党和国家的教育方针得到贯彻落实。

二、德育管理整体性原则

学校德育管理系统是学校管理的子系统，要着眼于全局，有整体观念，因此，学校德育管理的顶层设计必须遵循德育规律、科学管理的规律以及学生成长的规律。学校德育管理的对象是具有主观能动性的人，我们不能只看到道德的约束性、规范性，而忽略道德的主体性、发展性，忽视人的理性和创造性，不能排除个人的理性在道德中的参与。因此，德育要发挥其实效性必须使德育系统内各要素之间、德育系统与其他系统之间建立互动的关系（包括它与其他各育之间应建立相互融合、相互促进的和谐统一关系），激发学生主动、积极地进行自我教育。教育者在德育管理中应明确自己的角色是指导者，而不是指令者和领导者，这样才能在德育管理中成为互动的桥梁和催化剂。

德育管理整体性的顶层设计应体现以下要求：一是学校管理工作必须有整体的规划和计划，有统一的目标，以统一来协调德育管理内部各要素之间的相互联系。二是从德育目标出发，合理设置学校德育职能机构，做到统一指挥、明确分工、协调运转。三是明确全体教职工的德育职责，正确处理"以教学为中心"和"把德育摆在首位"的关系。四是用科学的理论指导学校德育管理，采用科学的管理方法和先进的管理手段，实现德育管理常规的工作模式与科研工作模式的有机结合。

三、德育管理民主性原则

学校的教职工和学生既是管理的客体又是管理的主体，是学校的主人，必须发挥他们当家作主的自觉性和积极性。坚持以人为本，就要始终把为学生的终身发展奠基作为德育管理工作的出发点和落脚点，尊重学生的主体地位，发挥学生的自主创新精神，做到一切发展为了学生、一切为了学生发展，促进学生的全面发展。

德育管理民主性的顶层设计应体现以下要求：一是确立学生在德育管理中的主体地位，开发学生自我教育、自我管理的潜能，发挥学生组织和学生干部在德育管理中不可替代的作用。学生自主管理，就是要让学生彻底地从被动受管理的状态中解脱出来,师生共同搭建成长舞台。二是建立必要的机制使全体教职工人人成为德育工作者,充分发挥教职工在德育工作中的主动性和积极性。三是建立健全民主管理制度,形成完整的民主监督、民主管理体制。发挥学生会、团委"管理、服务、沟通"作用,沟通学校与学生之间的信息,听取学生的意见和建议,从而改进教育措施,使之更利于学生的自主发展。同时,依靠学生骨干,组织全体学生参与学校生活各个层面上的管理。四是管理者要坚持走群众路线,克服主观主义、长官意志和经验主义,不断提高民主意识和民主作风。设立意见反馈箱,定期召开咨询会、座谈会等,起到学生与学校、学生与教师之间交流的桥梁作用。学校要为学生营造一个缤纷多彩的小社会环境,通过学生的自主管理,为他们逐渐学会生活,学会交际,学会工作,学会做人创造条件。

四、德育管理开放性原则

学校德育管理具有开放性的特点。面对日益开放的社会,学校德育管理不能走封闭式教育之路,要面向社会、面向家长,向社会化、生活化、个性化转型。虽然学校内部的德育管理是德育管理主体,但是作为整体的德育管理组织已超出了校园,党和政府是德育管理的组织者,教育行政部门、群团组织等社会有关方面同样承担着德育组织管理的责任。从静态的最高组织的德育管理组织构成看,德育管理组织具有开放性,从德育管理组织活动范围看,也已超越了学校的界限,作为动态的组织性同样是开放的。现代社会是一个信息社会,现代的学校对学生来说,已不再是唯一的或主要的信息来源。随着现代化的视听工具和有形的精神产品运用于生活中,多渠道、多样化、多载体的信息也随时随地影响着学生,此外由于现代社会生活、家庭生活、文化生活、人际交往日渐丰富多样,几乎每个人都生活在一个多样化、形象化、复杂化的信息网络之中。

德育管理开放性的顶层设计应体现以下要求:一是转变传统的管理理念。教育者不能再按照"理想模式"去塑造学生,而应当针对社区和学校特色、教师特长、学生特点、家庭层次,注重针对性、实效性,探索构建具体化、特色化、可操作的开放性的德育管理实施系统,为培养全面发展的个性化、社会化、创新型的人才打下坚实的基础。二是统筹好家庭德育、社区德育、网络德育以及其他媒体的德育,因为这些都是德育管理组织活动的重要组成部分。正是德育管理组织开放性的特点,决定了德育管理要注重科学合理地配置校内外一切德育资源,调动一切积极因素,壮大德育力量,形成德育合力,增强德育管理的有效性。德育管理的途径是开放的,既要重校内,也要重校外,做到校内与校外相结合。在校内对学生的德育管理,应是学校全员管理。校外在各种社会实践中进行管理,包括倾听社区的意见等。管理的方法是开放的,要做到自我管理与他律相结合。三是加强德育的信息管理。社会多种信息作用的结果,使学校德育管理的可控性相对缩小,不可控性和自控性在扩大,德育的时空观已发生了前所未有的变化。在这种情况下,学校要了解和掌握学生从社会上接收信息的情况,正确地进行引导,及时调节学生与社会两类信息之间的关系,排除和防止社会上某些信息对学生可能产生的不良影响。同时,要充分利用积极健康的有益信息对学生进行正面教育,以帮助学生树立正确的道德观念。我们只要善于运用信息管理的方法,就可以增强学生接收和选择信息的自觉性、自控性,排除随意性,减少盲目性,从而获得信息管理的良好效果。

五、德育管理创新性原则

德育方法应具有科学性,这是增强德育实效性的基本条件。现在,越来越多的学校改变了以前的事务性德育的方式,而形成科研带常规,常规促科研的德育工作格局。作为学校德育工作的组织者、管理者、实践者,必须不断学习德育理论包括方法论等系列教育理论。一方面,学校建立学习制度,在理论的基础上实践,才能不断上台阶,尤其是青年教师,理论与实践都较缺乏,但有创造精神和一定的创造能力,为增强德育工作的实效性,尤其应抓紧学习理论与勇于实践,在学习中创新。学校德育工作要坚持以不同形式进行合作性的课题研究工作,在常规工作中围绕课题,大胆尝试,深入钻研,将经验与问题进行细致的分析和研究,寻找科学的德育方法,改进自己的德育工作,形成科学的德育体系。学校德育管理不仅要做到序列化、规范化和制度化,而且要通过不断总结经验做到有所发现、有所创新、有所前进,使管理者与被管理者在实现德育管理的过程中潜在的创造性品质都得到发掘。

德育管理创新性的顶层设计应体现以下要求:一是既注意德育管理体系的相对稳定性,又注意总结经验,适应形势发展,不断完善、有所创新。二是注意将德育管理中的难题转化为研究的课题,通过科研解决难题,提高德育管理的水平和实效。三是管理者与被管理者都应把德育管理视为育人的过程、创新的过程,把发现与开发自身潜在的创造性品质作为德育管理的重要目标。四是合理地组织德育队伍,做到知人善任,人尽其才,优化组合,使每个人的潜能都得到充分的开发。五是克服德育管理中的形式主义、实用主义、急功近利等不良作风。

第 15 问：如何进行学校德育管理的顶层设计？

一、学校德育管理顶层设计的依据

1. 理论依据

学校德育管理顶层设计要以中国特色社会主义理论体系、党和国家教育方针为指导，以管理学和学校管理学的基本理论为依据。管理学的研究对象是管理，是人类的管理现象。管理学的任务是通过对人力、物力、财力及各种关系活动过程的研究，揭示管理规律。在此基础上，进一步阐明管理工作的一般原理和基本要求，进而确定管理工作的内容方法和组织形式。学校管理学是研究学校管理（包括德育管理）活动和规律的科学，学校管理学的研究对象是学校内部管理的原理、原则、方法、组织机构、规章制度，人员和物资以及各项工作的管理。学校德育管理顶层设计必须以上述科学理论为依据，才能保证其科学性。①

2. 法律、法规和政策依据

学校德育管理顶层设计必须依法构建，如：《中华人民共和国宪法》、《中华人民共和国教育法》、《中华人民共和国教师法》、《中华人民共和国义务教育法》、《中华人民共和国职业教育法》、《中华人民共和国高等教育法》、《中共中央关于改进和加强中小学德育工作的通知》、《小学德育纲要》、《中学德育大纲》、《中国普通高等学校德育大纲》、《中共中央关于进一步加强和改进学校德育工作的若干意见》、《中小学德育工作规程》、《关于适应新形势进一步加强和改进中小学德育工作的意见》、《中共中央关于构建社会主义和谐社会若干重大问题的决定》、《中共中央国务院关于进一步加强和改进未成年人思想道德建设的若干意见》、《中共中央国务院关于进一步加强和改进大学生

---

① 詹万生. 和谐德育论[M]北京：教育科学出版社，2008：247.

思想政治教育的意见》、《教育部关于整体规划大中小学德育体系的意见》、《教育部关于培育和践行社会主义核心价值观进一步加强中小学德育工作的意见》等。上述有关德育的法律法规及文件明确规定了学校的领导管理体制;学校德育机构的设置;学校德育队伍的组成、素质要求和培训;学校德育规章制度的内容和建设;学校德育环境的建设和要求;学校德育的经费等。这样就使学校德育管理顶层设计有了法律法规和政策依据。

3. 学校实际的依据

学校德育管理的顶层设计要与学校的办学理念及培养目标相关联、相匹配、相衔接,思路要清晰明确,可实施、可操作。学校在管理实践中积累了大量的丰富的管理经验,这些经验也包括了学校德育管理的经验,这些经验为学校德育管理的顶层设计奠定了坚实的实践基础。每所学校的历史传统、现实状况及地域文化都有所不同,这就决定了学校德育管理顶层设计的不同。也就是说,建立什么样的德育管理系统、从事什么样的德育管理活动,实现什么样的德育管理目标,都必须从客观实际出发,以现实条件为依据。

二、学校德育管理构成要素的顶层设计

德育管理构成要素的顶层设计,是指在德育管理过程中影响德育管理行为及其效果的因素的顶层设计。构成德育管理过程的要素,首先,要有德育管理主体,即说明由谁来进行德育管理的问题;其次,要有德育管理客体,即说明德育管理的对象或管理什么的问题;第三,要有德育管理目的,即说明为何进行德育管理的问题;第四,要有德育管理环境,即在什么样的客观环境和条件下进行管理的问题。因此,德育管理作为动态过程,是这四个要素决定管理行为的发生,它们就是德育管理顶层设计的构成要素。

1. 德育管理目的要素的顶层设计

德育管理的目的要素是德育管理主体的努力方向,是德育管理活动要达成的效果,贯穿于德育管理活动全过程,渗透于各项具体德育活动之中,也是衡量德育管理活动是否合理、有效的尺度,所有的德育管理活动都围绕着德育管理目的进行。德育管理目的要素的顶层设计在德育管理行为中处于核心地位。其主要表现为以下两个方

面:一方面,德育管理的目的是建立德育管理组织系统的前提,德育管理目的的顶层设计决定德育管理目标,有了目标才能为选择和运用人财物等资源提供依据和标准,才能把分散的力量组成一个有机系统。德育管理目标为组织与成员的考核提供了主要依据,这些依据又反过来使各部门和每个人都有了正确的工作方向与准绳,根据目标来进行自我控制、自我引导,使整个德育组织自动地运转起来。另一方面,德育管理目的是德育管理活动的出发点和归宿,一切德育管理活动都从属于德育管理目的、服务于德育管理目的,各项德育管理工作都是为了实现德育管理目的而有组织、有意识地展开的,德育管理目的指导着各项德育工作的方向和各种德育资源的配置;决定着德育管理活动的方针、任务与内容;决定着德育工作的领导体制、组织结构以及各项德育管理制度;激励着德育组织体系内各组成部分和人员自觉地发挥潜能;决定着德育管理人员的择用,德育管理方法的选用和德育管理技巧的运用。

2. 德育管理主体要素的顶层设计

德育管理的主体要素包括德育管理组织及管理者。德育管理组织有广义和狭义两种界定,广义的学校德育管理组织,是指在学校中承担学生政治理论教育、行为规范管理和道德品质培养的职能机构;狭义的学校德育管理组织,是指根据管理科学的基本原理和学校德育本身的特点要求,有目的、有计划地对德育实施有效协调、控制的专门管理机构。狭义的学校德育管理组织区别于学校内部仅具有某些德育功能但不以德育管理为主的其他管理组织。德育管理组织是学校拟定德育规划、实施德育方案、实现德育目标的必不可少的机构,是学校实施德育管理的前提,是管理者各尽所能、分工协作的基础,是发挥德育整体效能的保证。

德育管理者是德育管理活动的主体,即实施德育管理行为的人,在学校德育管理组织和管理活动中,管理者处于主导地位,起主导作用。无论是德育管理目标的确定、德育计划的制定和执行,还是德育内容方法和途径的选择,管理者都起着领导和组织的作用。

德育管理组织和管理者相互依存,并相辅相成地发挥作用。一方面,任何德育管理组织,无论它的具体职责是什么,都必须有管理者、管理对象和管理活动,没有上述"三要素",就不称其为管理组织;另一方面,管理者要实施管理活动,又必须通过一定形式的管理组织才能实现。可以说,管理者是管理组织中起主导作用的角色,是管理活动的组织者和领导者,是管理组织的意志体现者和利益代表者。

德育管理主体要素在德育管理要素中起主导作用,德育管理主体要素的顶层设计主要表现为对德育管理客体的领导、组织、控制和协调,使德育管理客体能够按照德育管理主体的要求和目标进行工作,德育管理客体工作业绩的好坏,在很大程度上取决于德育管理主体的领导水平及整体素质。德育管理主体的另一个作用,表现为对组织环境的掌握和改造,利用环境使德育管理工作顺利进行。

3. 德育管理客体要素的顶层设计

德育管理客体是德育管理的特定对象,学校德育管理客体包括一切德育资源,如德育人力资源、德育课程资源、德育活动资源、德育财力资源、德育时空资源、德育信息资源等。其中主要的德育管理客体是根据德育管理主体的指令,按德育管理主体的意图,为达成德育目标服务的各级下属德育人员,德育管理客体的顶层设计作用表现为对德育管理主体制定的目标的主动性、创造性的实施。同时,德育管理客体影响德育管理者的行为。

德育管理主体从德育管理客体那里搜集到信息,然后决定下一步行动,德育管理客体的复杂性导致德育管理行为的复杂性,德育管理行为的复杂性决定了德育管理工作应该因人而异,采用权变原则。不会变通、强求一致的德育管理方式会大大降低德育管理的实效性。在德育管理要素中,德育管理主体和德育管理客体的划分并非绝对的,在一定的条件下是可以转化的。在德育管理过程中,德育工作者不仅是德育管理的主体,而且也是德育管理的客体。在一定的时间、场合下相对于一定的对象,一个人是德育管理主体;在另一个条件和场合下,他可能又变成了德育管理的客体。德育管理组织中没有绝对的德育管理主体,也没有绝对的德育管理客体,只是根据一定的条件相对而言的。

4. 德育管理环境要素的顶层设计

德育管理活动除了表现为德育管理主体、德育管理客体和德育管理目的三个基本要素相互作用的过程之外,它还处在一个客观环境之中,与外界发生着输出和输入的交流。德育管理环境包括自然环境和社会环境,大到国际政治、经济形势,小到学校、班集体环境变化,都对德育管理行为产生影响,德育管理是一个动态过程,是一个对环境的动态适应和改造过程。德育管理环境间接地影响着德育管理行为。

环境制约德育管理系统的构成形式,德育管理系统的结构和功能是由德育管理目的决定的。但是,环境的影响也不可忽视,甚至有时环境对德育管理系统的形式结构和功能起着决定性的作用。环境是人们活动的必要条件,人的一切活动都不能脱离这个条件,人们在组织中从事任何活动要想取得成功,就必须因地制宜。

德育管理环境因素特别是学校的管理环境因素,是可控的、人为可改变的,这就是我们所说的隐性德育。德育管理环境因素的顶层设计,对德育管理至关重要,有利的环境条件能够促进德育管理工作的完善和德育管理功能的充分发挥,能够促进德育管理效率的提高,从而加速德育管理目标的实现;不利的环境条件则会阻碍德育管理活动的运行,延缓德育管理过程,甚至使德育管理活动完全中止。环境为组织的存在和发展提供了机会与可能,同时,环境的变化也会给组织带来威胁。在某些时候,环境因素的突然变化会导致组织发生重大变化,甚至质的变化。从一定意义上说,组织系统对环境变化的适应能力如何,关系到该系统的生存、稳定和发展,关系到组织目标能否实现,只有对环境有及时的认识、理解、反应能力和较强适应能力的组织,才能取得长远的发展,才能取得成功。德育管理者要获得成功,要实现预期的德育管理目标,就不能不重视对德育管理环境的研究。[①]

以上诸因素相互联系共同构成中小学德育管理的结构。这几个要素通俗说来,即为什么管?谁来管?管什么?谁指挥管?怎么管?靠什么管?它们之间的相互联系,是德育管理主体在德育管理指挥系统的作用下,运用管理手段,对德育管理客体行使管理职能,从而达到管理目标,管理目标则把信息反馈到指挥系统,形成一个德育管理循环。中小学德育管理就是这几大要素反复运行的过程。

三、学校德育管理运行环节的顶层设计

美国管理学家戴明认为,一切有过程的活动都是由计划、实施、检查、总结四个环节组成的,并构成一个不断旋转的圆环,此所谓"戴明环理论",这一理论在德育管理运行中也是适用的。学校德育管理的运行由计划、实施、检查(评价)、总结四个环节组成,是这四个环节的旋转推进过程。

---

① 易连云.德育原理[M].武汉:武汉大学出版社,2010:161-162.

1. 德育管理计划的顶层设计

德育管理计划是指确定德育管理目标和选择实现目标的方案、手段、方法和措施，是计划职能在管理活动中的体现，是德育运行的起点。德育管理计划是德育管理过程的重要环节。它是德育组织内部成员的行动纲领和方案。德育管理计划具有统一德育管理者和被管理者的认识和行动的作用，具有对德育组织内部成员的动员和激励作用，还有协调德育管理中各种因素的作用，使人力、物力、财力等得以充分利用，充分挖掘潜力，使之合理组合，协调运转，发挥整体优化效益。德育管理的顶层设计首先是德育管理计划的顶层设计。

德育计划是以文件形式反映教育者贯彻党的教育方针、实现德育目标所采取的工作步骤、措施和方法的总和，是德育管理者、教育者对未来德育及其管理目标的追求在行动上的选择。德育的管理者、教育者要实现预定的目标，光靠一般号召或设想是不行的，必须制定一个周密可行的实施计划，提出若干可行的措施和实行项目，合理安排整个学校的德育活动、师生员工的活动，以作为集体行动的纲领，使德育及其管理过程的各个方面和环节得以协调和正常运行，保证德育及其管理目标的实现。制定一个合理可行的实施计划，可使德育及其管理工作有条不紊地进行，使德育管理者、教育者及被管理者树立信心，有的放矢地开展工作，同时使学校各方面的工作互相配合，步伐协调一致，并能加强德育工作的系统性和连贯性，保证序列化德育内容和目标的实现。

在制定德育计划时，要以党和国家的教育方针为指导，认真研究具体学校的性质、类型、特点和教育目标及总的教育计划与德育目标，深入研究学生的品德实际情况，从而根据总的教育计划和德育要求以及学生的品德实际，制定出符合实际的、切实可行的，具有科学性、综合性、连续性、激励性的德育计划；要根据学校各组织、部门、工作和人员的特点进行合理分工，提出具体任务，并将任务落实到具体人，使各项工作都有人负责；对各项德育工作完成的时间进度、所要达到的质量标准应提出明确的要求；在计划执行过程中要经常进行检查，以肯定成绩，指出问题，总结经验和教训，并作必要的补充和修改；计划的制定、检查和修改都必须走群众路线，广泛听取学校干部、教师、学生以及其他有关方面的意见，取得他们的认同和支持。

2. 德育管理实施的顶层设计

德育管理实施,是把德育管理计划付诸实施,落实为管理的行为,以实现预期目标。德育管理实施是德育管理运行的中心环节,是实质性的管理阶段,是德育过程中各方面因素和条件的综合体现。要实施德育内容,达成德育目标,促进学生品德及其能力的形成和发展,提高德育质量,必须组织开展好德育活动。实施环节的主要管理内容有:一是组织。指把德育管理的人、财、物合理配置起来;建立有效的德育组织机构,明确分工,做到人尽其才、才尽其用;建立和健全德育管理的各项规章制度;明确德育管理各项工作的进度和程序。二是指导。指上一层次的管理者,对下一层次的部门或管理人员进行引导、指示。三是协调。指德育管理者在实施环节的全过程中,依据实际情况,不断协调各种关系,减少内耗,提高效率。包括协调组织与组织、人与物、人与事、局部与整体、系统内与外之间的关系。

3. 德育管理的检查和形成性评价的顶层设计

德育管理的检查和形成性评价是对德育管理计划执行情况的监督和价值判断。检查和形成性评价是德育管理运行中的中介环节。德育管理的检查和形成性评价要有明确的目的和统一的标准。明确检查的意义。德育管理计划制定以后,要促使各部门执行计划,就需要进行督促检查。检查种类多种多样,有平时检查、阶段检查、年终检查等。检查内容可根据实际需要而定,可以对某一阶段的德育工作进行全面检查,也可以对德育工作的某一方面或某些方面的内容进行专项检查。检查方式可以是口头或书面汇报,也可以是管理者亲自考察实际工作,或发动群众互相检查。不论采取哪一种形式,都要以有利于促进德育工作的开展为原则。检查有利于德育管理者及时了解全面工作的进展情况,发现工作中的优缺点,及时采取措施,进行有针对性的指导。检查,尤其是发动群众的互相检查,有利于各个部门及教师间的互相学习,取长补短;有利于修订和完善德育管理目标及实施计划。德育的管理目标及实施计划都是管理者事先主观设计出来的,它能否反映客观实际,符合客观实际的需要,还需要在实践中验证。在实践中,可通过检查了解情况,发现问题,作必要的调整,使其逐渐完善。

明确检查的要求。检查的目的要端正。检查工作是为了促进工作,实现管理目标及实施计划,具有这一指导思想非常重要,它有利于被检查者与检查者的合作,使检查工作顺利开展。这就要求检查者将检查的目的、内容、要求事先通知被检查者,使其有思想准备,而不宜搞突然袭击。检查过程中要注意充分肯定成绩。有的领导人检查工作,只注意找缺点、漏洞,而不注意肯定成绩,这容易使被检查者不服气,或产生抵触情绪。其实,在正常情况下,任何一个部门的德育工作都是有成绩的,应该充分给予肯定。在此基础上指出其不足,并给予具体的指导和帮助,以提高他们的工作能力。检查要以管理目标及实施计划的要求为依据。在德育管理过程中,主要是检查管理目标及实施计划实现的情况,而不能任意增加新的内容,或提高标准、降低标准。临时增加新的内容或提高标准,就会挫伤群众的工作热情,影响群众的工作积极性;降低标准也会使群众感到原来的管理目标及实施计划只是形式,没有实际意义,真正有用的是领导者的意志。这就容易使管理工作陷于无计划、无目标的混乱状态。所以领导不能抛开原来的管理目标及实施计划而另搞一套检查标准。如果需要改变原来的管理目标及实施计划,应先与群众商量,再作适当的修改,而不能作为检查工作的临时性标准。

4. 德育管理总结的顶层设计

德育管理总结,指对德育管理运行中某一阶段、某一周期的工作进行总的分析和评价,作出结论,肯定成绩,找出缺点,并把总结出的结论、经验和教训,渗透到下一阶段、下一周期的工作中去,提出下一管理周期的努力方向和改进内容。总结在整个德育管理运行中处于最后一环节,同时又是承上启下的环节,是下一步管理工作的依据。总结具有提高认识的作用,把经验和教训加以升华,从中探求规律,提高德育管理水平。总结具有激励作用,肯定成绩可以使人们增强信心,看到不足可以使人们增强责任感,从而振奋精神,提高群众士气。

明确总结的意义。总结是德育管理过程的终结环节,也是一个重要的环节。它的任务是要对整个德育管理过程作出评价,找出成绩、经验及管理工作中的缺陷,为制定新的管理目标及实施方案提供依据。它对不断提高德育管理的水平具有重要意义。只有通过反复地总结工作,才能积累工作经验,使管理工作逐步完善。整个德育管理工作水平的提高,就是通过设置管理目标、判定实施计划、检查、总结,再设置目标、制定计划、检查、总结……这样不断地循环反复而实现的。

明确总结的要求。要以管理目标和实施计划的要求为标准总结工作。总结要有一个评价是非的标准,否则总结就无法进行。这个标准应该是客观的,而不是某些人的主观意志。这个客观标准就是管理目标及实施计划的具体要求。为使大家掌握统一的标准,在进行总结时,应让教师重温管理目标及实施计划,并依据同一标准衡量各方面的德育工作。在统一认识的基础上进行总结,才能达到积累经验、提高水平、推动工作的目的。总结的种类要多种多样。为充分发挥总结的作用,要根据学校的实际情况,分层次地开展总结活动。先要做好个人工作小结,在此基础上,做好部门工作小结,然后再做全校性的总结。这样能使全校性总结真正反映各个部门、各位教师的工作情况,为下一个管理过程设置目标、制定实施计划提供可靠的依据。从总结的内容上分,可分为专题性总结、全面总结等。要充分肯定成绩,总结工作主要是为了肯定成绩,总结经验,以利再战。分析缺点差错,也是为了改进工作,提高工作质量。因此,在总结工作过程中,首先要摆成绩、找经验,成绩摆得愈充分,愈能鼓舞士气。在总结经验的基础上,再找出并分析存在的问题。要通过总结工作,发现先进、奖励先进。从工作成绩的优劣中可以看到各位教师的教育思想、工作能力,以及工作勤奋的程度。管理者要侧重于总结经验,表扬先进,奖励先进。这不仅能激励本人加倍努力工作,也有利于带动中间,推动后进。对工作一般者也应以鼓励为主,对问题较多的教师,应着重分析其工作失误的原因,使其端正教育思想,改进教育方法,防止一味地批评指责,以免引起抵触情绪,或丧失做好工作的信心。

德育管理运行的各环节存在密切的有机联系,不可相互分离。一是各环节有机结合。在全部德育管理运行中,德育管理计划统帅着整个过程,它是整个过程的出发点。德育管理实施是使德育管理计划付诸实践的过程。德育管理检查和评价是对实施环节的监督和反馈,是对计划落实情况的检验。德育管理总结是对以上三个环节的总评价。德育管理的运行具有一定的程序,正常的德育管理运行总是遵循计划、实施、检查、总结这一程序进行的,它们的顺序相互衔接,缺一不可。各环节的有序完成,构成一个德育管理循环和管理周期。二是各环节相互渗透,相互促进。德育管理运行过程的诸环节是相互渗透的。在某一环节中也包含着四个小环节,形成一个完整的循环。如在德育管理计划环节中,仍然是沿着德育管理计划的计划、实施、检查、总结等小环节,形成德育管理计划环节的完整循环。有关德育管理的各项专门工作也有它自身的计划、实施、检查、总结,构成完整的德育管理运行过程。德育管理过程的各环节之间都有反馈回路,前一个环节的信息反馈可作为后一环节改进管理工作的依据。比如在检查和评价中发现的问题,就可以改善实施环节或修订计划。三是不断发展,螺旋上升。德育管理运行是一个不断发展的动态过程,总是按照德育管理计划、实施、检查、总结的程序不断前进的。一个管理周期的结束,就是另一个新的管理周期的开始。每个管理周期都是为了实现德育管理系统确定的总目标,而每个管理周期的具体目标既是总目标的一部分,又是在前一个德育管理周期已经实现的目标的基础上进一步发展和创新。因此,德育管理运行是一个周期螺旋上升的发展过程。①

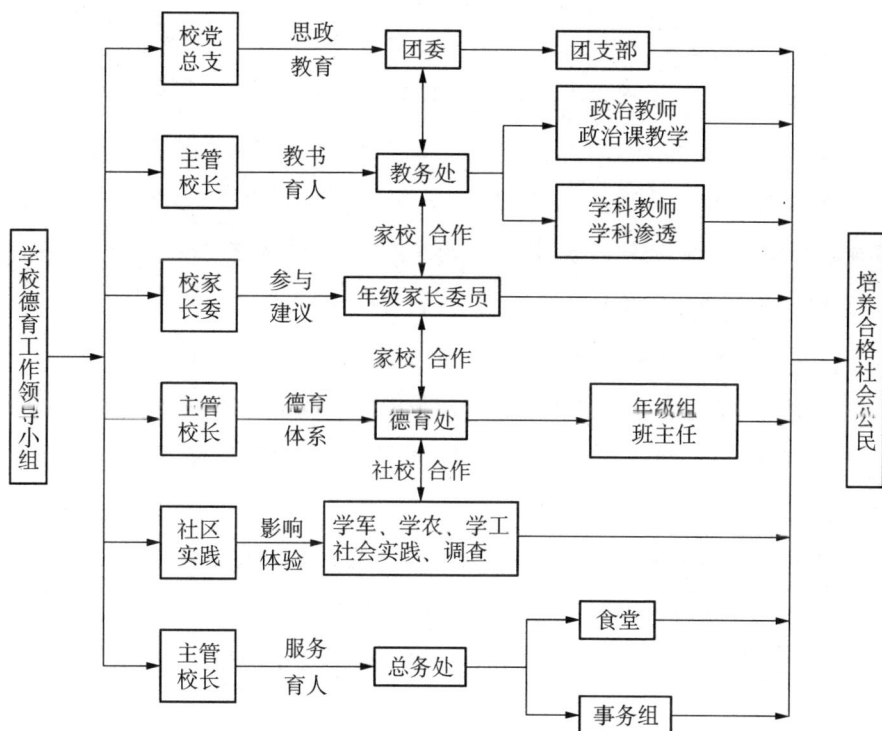

德育管理框架图

———————————

① 班华.现代德育论[M].合肥:安徽人民出版社,2013:276.

案例分享

以"崇善·尚美·蕴思"为导向培养阳光少年

德·育·现·场

以"崇善·尚美·蕴思"为导向培养阳光少年

上海市嘉定区丰庄中学地处嘉定区东南角的真新街道。学校坚持以人为本、德育为先、全员育人的发展战略,以"国韵丰中、德艺双馨、人文健康、和谐发展"为办学理念;全力推进"崇善、尚美、蕴思"六字校训,努力培养学生具有"真善美"的良好品行,让他们健强体魄、快乐学习、善于思考、养成习惯;大力倡导每一位教职工用自己纯真的思想、纯粹的爱心、专业的志愿、教育的技能以及良好的习惯锻造丰中教师风范,把丰中学子培养成有志向、有志气、有志趣的阳光好少年。

学校在德育管理方面已经基本形成系统的德育课程,学校以"全员育人"为理念,关注学生学、才、能、情多方面发展。分年级组织教育内容,分阶段推进教育重点,使德育工作有序开展。基于学生特点,学校始终全面、深入、扎实地开展对学生的思想道德教育和日常行为规范管理,坚持从小入手,抓细抓实,长抓不懈,常抓常新,取得了较好的效果。现在,丰庄中学学生的良好文明礼仪、学习习惯、生活习惯、卫生习惯和社会公共规范等已基本养成,校园内绿化布局宜人、环境布置整洁、文化气息浓厚、教育秩序井然、师生相处和睦、温馨校园创建形成特色。

理·性·思·考

"崇善·尚美·蕴思"学生培养导向的形成

真、善、美是一种道德共识,是优秀传统文化的凝聚和弘扬,同时也是道德教育必须关注的精神观念。当今,这种道德教育却面临着诸多挑战,特别是学校智育与德育出现了不均衡发展,教育评价存在着不同程度的误区:关注显性的考试成绩,而忽视隐性和长周期的育人成绩。丰庄中学牢牢把握教育的本质,重视学生内在情感体验、行为养成和习惯的培养,努力实践"立德树人"这一教育的根本任务。学校把培养"崇善·尚美·蕴思"的阳光少年作为培养目标,以生动、活泼和有效的教育形式开展德育工作,培养学生自我学习和实践的能力,学会包容和体谅,成长为具有"真、善、美"优秀品质的阳光少年。

一、"崇善·尚美·蕴思"导向的提出

1. 源于对教育本真的思考

教育是什么?我们应该培养什么样的人?如果我们抛开功利和应试教育的藩篱,回归教育的本真,我们应该清醒地认识到教育是慢的艺术,学校教育应该为每个受教育者以尊重、润泽和成全。正因为如此,教育应该基于人的发展创设更多的教育契机,开发孩子智慧,挖掘潜能,培养孩子完美的人格,让孩子获得生存和发展的潜能和动力。因此,学校教育应该更加关注学生内在品格的养成,使学生成为具有"真、善、美"的优秀品格的生命个体。

2. 源于对学校德育工作的理解

中小学德育工作的基本任务是培养学生成为热爱社会主义祖国,具有社会公德、行为文明,遵纪守法的公民。但随着多元化价值取向的融入和信息的高度发达,部分学生幼稚单纯,阅历浅,鉴别能力不强,缺乏正确的认识和真切的体验,对某些社会现象不能客观分析,难免受到不良风气的影响,他们的价值取向和主流价值观有背离或偏离的趋势,往往给学校的德育带来负面的影响,也给社会整体道德文明带来不利的影响。因此,学校德育要紧跟时代,关注社会精神失衡,重视真善美的人生历练,重视德育的价值开拓,这也是学校长期的德育任务和内容。

基于这样的理解,丰庄中学以"崇善·尚美·蕴思"为学生培养导向,把"真、善、美"作为学校德育工作的出发点和归宿点。学校教育过程中体现"崇善·尚美·蕴思"理念,强化习惯养成,注重过程评价,加强引领示范,从而推进教育效果的凝聚。"崇善·尚美·蕴思"既关注学生良好品德习惯、积极健康的心理发展和善于合作的品质,同时也关注培养学生较为宽阔的知识面、浓厚的学习兴趣和乐于反思等智能发展,真正体现了学校德育工作的实际意义。

3. 基于丰中德育工作的反思

学校初步形成可实施的德育方法和途径,德育载体不断丰富,德育工作取得了阶段性成果,办学质量也有了大幅度提升。但是,学校学生生源、家庭教育等问题仍然是长期制约德育发展的难题。因此,学校进一步明确育人目标,为学校德育管理提供方向;围绕目标有序开展德育工作,推进德育实效。反思总结丰中已经取得的德育成果,优良品质和道德的养成仍然是德育工作的重点,以"崇善·尚美·蕴思"作为学生培养目标,涵盖了德育的主要培养方向,也是丰中德育管理实践的重要内容。

二、"崇善·尚美·蕴思"内涵的挖掘

"崇善·尚美·蕴思"是丰庄中学的六字校训。"崇善"是指在日常学习和工作中注重善言、善行、善德;"尚美"是指在日常学习和工作中审视美、发现美、创造美;"蕴思"是指在学习和工作中积极思考、善于反思、拓宽工作思路。这六字校训是学校"国韵丰中、德艺双馨、人文健康、和谐发展"办学理念的实施,也是贴近时代要求提出的学生培养目标。

1. 崇善

"人之初,性本善","莫以善小而不为",这些都是中华传统文化的道德要求。"善",是个人成长的需要,是社会"和谐"的需要。丰庄中学六字校训中"崇善"在于彰显丰中师生"善言、善行、善德"的行为。学生通过长期的观察、记录、感受、体验,在头脑中逐渐形成善的道德观念,在日常学习生活中,懂得有所为有所不为。以"善言"构建充满关爱和友爱的人际关系,培养和教育学生语言文明,会恰当使用礼貌用语,会理解别人、安慰别人、鼓励别人、真心赞扬他人的善行。以"善行"来构筑乐于助人、携手共进的丰中文化,培养和教育学生养成良好的行为习惯,主动为需要帮助的人提供方便,自觉为他人和社会做一些力所能及的好事,以及与人和睦相处等。以"善德"深化"人文健康、和谐发展"的办学理念,培养和引导学生从中华民族的传统美德中寻找善源,培养学生向善、从善、行善的心理品质,怀有感恩之心、富有责任之心、拥有反思之心等。以"崇善"为核心开展德育活动,促进学生在头脑中逐步建立正确的道德标准,汇小善,为大仁,养成道德自律的意识,促使学生形成良好的行为习惯,树立正确的道德观和价值观。

2. 尚美

苏霍姆林斯基说:美是道德纯洁的强大源泉。"尚美"是育德的一种境界,一种德育文化,一种德育价值追求的理想。美能保持其精神的平衡、和谐、健康,唤醒学生追求高尚人生的激情。丰中德育构建"尚美"德育隐性课程,引导学生崇尚美、追求美、创造美和展示美。"尚美"在于让学生能够从细节中感受美,从身边小事中寻求美并获得精神的愉悦,从而提高抗挫能力。"尚美"教育激发学生爱校爱班的情感,培育集体观念,并从集体生活和团体合作中获取精神、情感的满足。"尚美"教育激发学生创造美和展示美的热情,并付诸具体的行动,尽我所能为学校、班级作贡献,促进丰中校园美、和谐美、艺术美等。

3. 蕴思

"蕴思"中的"蕴"本义是"积聚、蕴藏"。"蕴思"指在学习和生活中自我反思和剖析问题。"知人者智,自知者明","蕴思"引导学生养成自我剖析和自我教育的习惯,学会冷静、客观地分析自己的言行,审视自己,自主制订奋斗目标和措施。"蕴思"引导学生客观分析社会现象,在冷静地分析、判断、选择的过程中,思想走向理智和成熟,养成辩证分析、换位思考的习惯。"蕴思"教会学生明辨是非,弥补不足,形成正确的价值判断取向。总之,"蕴思"引导学生养成反思和思考的习惯,对学生的道德成长、思维发展和全面进步,完成从他律到自律的转变,具有促进作用。

三、"崇善·尚美·蕴思"实施推进的关注点

1. 关注"崇善·尚美·蕴思"导向群体的独特性

学校"崇善·尚美·蕴思"导向群体是正在成长中的人,有成长发展的重要特点,具有自然和社会两种属性,这也是德育工作对象独特性的体现。学校"崇善·尚美·蕴思"目标的达成基于对象的独特性,教育过程关注其两种属性,充分挖掘德育功能,既满足社会需要,也关注学生自身发展的需要。丰中德育工作既充分

尊重青少年的心理发展规律,又对学校生源特点有清晰的认识,基于宽容和理解对学生品质养成进行有效引领,从而使丰中学生懂得做人的尊严和价值,使他们认识到生活的意义,心理结构更趋完善,人格情操更趋高尚,真正使"崇善·尚美·蕴思"内化于学生心灵。

2. 关注"崇善·尚美·蕴思"教育载体的与时俱进

"崇善·尚美·蕴思"是优秀文化理念的传承与发展,但是其实施的教育内容要基于时代的发展进行创设,从而拓宽育人渠道,强化育人效果。对于不同年龄的学生,由于他们的社会阅历不同,对同一事物的看法和理解各不相同。因此,德育工作目标要关注学生的年龄和心理特点,善于把德育与时代发展相结合,使学生乐于接受。德育改革的探索者要善于在优秀传统内容的基础上注入新的时代精神,特别是针对青少年精神需求,拓宽德育领域,加强学生生存适应教育,使学校德育更贴近于社会现实,更贴近于青少年自身发展的精神需求。基于丰中发展的基础,学校德育内容拓展为以下内容:

(1)自理生存教育。基于时代发展的需要,一个人的创业精神和能力成为其生存发展的重要推动力,也是未来成功者的必备素质。但是,随着独生子女日益增多,多数学生缺乏自主自理能力,更谈不上创业精神。因此,丰中德育依托多种载体培养学生的自理能力,掌握基本的生存技能,以便他们能够适应未来由学生角色到社会角色的转变。

(2)开放意识教育。信息高度发达的今天,学生的眼界不断扩大,信息量获取的渠道也不断增多。如何让他们在开放的时代,既能传承人类文明精髓和优秀文化成果,又能坚决抵制腐朽消极的精神因素,这是德育的责任担当。我们加强了这方面的教育,使学生建立成熟健全的开放观,学会判断和思考,形成正确的价值取向,从而健康成长。

(3)学习能力教育。当今社会需要"知识+能力"的人才,这种人才拥有自我学习的能力,既有厚实的知识功底,又能学以致用。因此,学校德育工作也关注学生能力培养,把学生放到社会实践中去,让他们在实践中检验、丰富和发展所学知识;还培养学生自主、自立、自强,使之在学业上、能力上全面发展。总之,学校注意德育载体和德育内容的继承和创新，不仅为学校德育注入新的活力，而且也为学生乐于接受。

3. 关注"崇善·尚美·蕴思"德育团队的自身素养

"严师出高徒"、"亲其师，信其道"、"桃李不言下自成蹊"。教育者的人格魅力对学生具有极大的号召力。渊博的知识、高尚的品行和平易近人的作风比说教效果更好。因此，打造一支政治坚定、素质过硬、团结协作、无私奉献、勤于育人，具有先进教育理念和创新精神的德育队伍非常重要。德育管理要不断提高德育工作者的整体素质，使他们真正成为学生的楷模。

4. 关注"崇善·尚美·蕴思"的全方位推进

长期以来，德育似乎是学校德育处或政教处的专职工作，这显然违背了学生行为道德养成的规律。学生道德品质的成长是多方面因素共同作用的结果，应该是多方合力。因此，学校德育工作要多方共管，如德育与教学的配合，学校与年级的配合等。德育的阵地既要关注德育活动也要关注学科教学、校内外的联动等等。只有这样，德育工作才能真正取得成效。另外，以往德育活动采取定期的方式，生硬地进行道德观念的灌输，而不注意创设德育情景，不顾及受教育者的心灵体验，不注重学科教学中的德育渗透，德育最终流于形式。中小学德育的主体是学生，如果没有清晰的主体认识，就容易造成德育过程中的主体缺失，忽视学生的情感体验、意志磨炼和道德判断能力、选择能力的训练，造成德育的单一化。所以，学校"崇善·尚美·蕴思"德育实践全方位推进，才能真正有所成效。

顶·层·设·计

"崇善·尚美·蕴思"为导向的德育实践

一、"崇善·尚美·蕴思"为导向的实践目标和内容

（一）形成"崇善·尚美·蕴思"为核心的教育体系

1. 把行为规范教育纳入学校德育工作核心。加强学校行为规范教育常态化管理，强化日常考核，注重活动体验，不断提升学生的行为规范水平，从而体现学

校实施素质教育、提高德育工作的成效。认真落实《中学生日常行为规范》提出的学生道德品质和日常行为的基本要求。以《中学生日常行为规范》为标准,根据不同年级学生的身心特点强化学习并开展考核评价,着力培养学生成长需要的基本能力和素质,使他们具有文明的言行、健全的人格、健康的情趣,促进学生养成作为一个现代人所必须具备的基本道德行为规范。

2. 将励志教育理念与德育工作相融合,创新教育方式。通过创新实践活动和教育方式,关注学生的基础道德情感的养成教育,引领学生在多样化的活动中进行探索、体验、感悟和建构,推进学生自主发展,强化团队协作意识。

(二)规范"崇善·尚美·蕴思"德育管理流程

学校德育管理进一步科学化,关注实效,注重培训德育干部和培养班主任管理能力,评价考核规范化,从而推进德育管理更加规范,体现指导和监督的作用。建立和完善德育管理体制和保障机制。注重学校德育的制度建设、组织管理、环境建设和实践研究。注重学校德育实施过程中的教育方法和策略,加强教师师德建设,强化教师垂范的道德引领作用。激励学生自主管理、自主教育,培养自立自强、善于合作、宽容进取的新一代中学生。

(三)加强"崇善·尚美·蕴思"德育队伍建设

以德育培训为平台,加强全员德育,把"崇善·尚美·蕴思"教育理念融入教育管理全程。创新班主任培训和研修形式,特别是强化对青年班主任的培养,促进德育管理团队自我教研,为教师成长搭建平台。加强学科德育,让德育贯穿于教育教学实践的细节当中。强调学科教师的德育责任感,要求学科教师能够以班主任的心态开展学科教学;强调学科教师的德育协作意识,确保学生学习能力与德性养成和谐共进。通过德育培训活动,强化教师的育德理念,打造具有"崇善·尚美·蕴思"品质的德育管理团队。

(四)创设"崇善·尚美·蕴思"联动平台

学校德育要凝聚学校、社会和家庭三方教育资源,充分发挥学校、家庭、社会的综合育人功能,构建系统化的教育平台。丰中基于学校家长教育水平不均衡的特点,发挥家长学校的优势,做好家庭教育培训,达成家校共识。另外,学校充分利用社会和社区资源,把这些资源纳入学生的实践平台,学校、家庭和社会形成联动互补式的三方教育网络,促进德育活动有效开展。

二、"崇善·尚美·蕴思"为导向的德育实施要点

学校以"三个并重"为实施要点,构建多维教育氛围,实现德育成果的最大化。

(一)环境熏陶和开展活动并重

关注校园环境建设,挖掘其隐性教育功能,让学生在良好氛围中潜移默化地接受教育和熏陶。同时,创设多样化的活动平台,以活动引领,让学生感悟道德取向,形成正确的价值观。学校课外实践活动、新生入学教育活动、七年级换巾形式、八年级十四岁生日、九年级毕业典礼、美育节、文化节等,都为学生提供展示、观摩、参与的平台,起到精神引领的示范教育作用。

(二)引导强化和自我教育并重

学校以年级为单位强化学习《中学生行为规范》,开展考核评比,加强学生对德育内容的理解。同时,学校通过校会、年级会、班会、广播、宣传版面等多种形式强化德育内容。学校把培养学生"自育"能力作为工作要点,加强学生自主管理、自主评价,从而巩固德育的成果,将品德修养内化于学生行为表现之中。以班级为单位开展"我的班我的家"系列活动;学校开展"德艺双馨"的丰中阳光少年评选和以"我是快乐丰中人"为主题的班歌评选活动都是引领学生自我教育、自我提升的德育内容。

(三)知识传输与实践体验并重

学校重视德育与学科教学结合,拓宽学科教学的德育空间,开展相关培训和教学展示。学校利用入学教育、换巾仪式、十四岁生日、毕业典礼班会、广播等多种渠道让学生领悟德育内涵,认识社会榜样,从而形成正确的价值观。学校通过学习、考核等手段加强了学生对德育活动的理解,同时,从校内到校外多方面搭建实践体验平台,让学生在体验中获得成长。如:参与社区、区级各类演讲、艺术专项特色比赛、暑期社会实践等;发现精彩教育故事,以年级为单位,制作教育数字故事;结合学校"绿箱子"环保活动,开展"垃圾分类进校园"宣传活动,并以此为平台加强绿色环保文化宣传,强化环保意识,提升学生素养。学生通过参与活动、撰写活动信息,增强了技能,感悟了时代精神,形成正确的价值观。

三、"崇善·尚美·蕴思"为导向的德育实施策略

近年来,学校德育工作在总结经验的基础上不断探索前进,继续坚持以科学发展观为指导,认真贯彻落实上海以及嘉定区中长期教育改革和发展规划纲要精神,根据教育局德育工作会议精神,以"崇善·尚美·蕴思"为培养导向,坚持德育为先、全员育人的工作理念,树立创新发展意识,加强德育管理科学化,提高德育工作水平;深化"两纲"教育,继续推进全员德育,扎实抓好德育队伍建设和未成年人思想道德教育;根据五年发展规划,努力提高工作的针对性、主动性和实效性,使学校教育教学工作和谐发展。

(一)全员德育,建设"崇善·尚美·蕴思"教师团队

"崇善·尚美·蕴思"培养目标的实现离不开学校德育团队。加强全员德育培训,推进全员德育,深化全体教师的育德理念,形成"崇善·尚美·蕴思"人格魅力的教师团队,这是顺利开展此项工作的前提。学校主要从以下三方面加强德育团队建设。

1. 以德育人、以德服人和全员德育理念的形成

学校定期开展全体教师的德育培训,深入学习"崇善·尚美·蕴思"的内涵,开展相关研讨,进行智慧分享。近两年学校通过外聘专家、德育工作交流等多种途径开展教师德育培训。通过用心育人、全员育人等德育培训,教师全员育人理念已经形成,丰中人始终坚持身教重于言教,教师成为学生的示范人,以自身的创新精神启发学生学会思考,善于发现问题。在联系社会实际和解决问题的过程中,实现自身品德的完善;指导学生学会做人,学会生存,一起探讨人生真谛;在适应社会竞争和合作的人际关系中引导学生自立、自强,求得事业成功。学校用生活中具有较强人格感染力的人和事启发、激励、感化和引导学生去履行社会主义道德规范,从而实现人生价值;强化全体教师的育德理念,构建"人人是德育工作者"的教育氛围,提高德育实效,为学生创设"崇善·尚美·蕴思"品格形成的整体人文环境,这也是"崇善·尚美·蕴思"培养目标达成的保证。

2. 课程实施、科研助力和特色班主任培训

学校积极开展班主任培训和校级基本功大赛。利用好区新任班主任和骨干

班主任德育培训契机,实现区校资源共享,加强学校德育队伍培养。认真落实《嘉定区关于"十二五"期间加强中小学班主任培训工作的实施意见》,进一步强化青年班主任的培养,提升德育管理团队的教研水平,提升整体团队的素养,探索具有学校特色的班主任培训模式。学校基于教师发展情况,两周一次开展班主任教研,形成多种形式的课程,确保全员参与,分享管理经验,注重管理反思,提升德育管理能力。班主任教研已经成为学校教研的重要内容,基于培训的研讨成为学校班主任培训和研修的重要形式,促进了德育管理团队自我教研,为教师成长搭建平台。

3. 积极开展德育工作课程化和系统化研究

学校编辑《丰庄中学德育工作指南》,细化各年级的德育工作要点。编辑《德育心驿站》教师校本培训教材,用于指导学校德育工作。班主任培训内容关注德育科研,如形成德育课题研究团队,基于班级特点开展德育研究,加强班主任工作中的自我反思,定期开展"教育叙事"评比活动,增强德育研究意识,提升育人能力。

(二) 文化引领,形成"崇善·尚美·蕴思"的校园氛围

学校以"彰显特色、提升品位、关注人文"为目标,着眼于环境氛围对学生的熏陶和感染,创设体现丰中特色、关注个性发展、富有底蕴的文化氛围。基于"崇善·尚美·蕴思"打造校园环境建设,为学生构建和谐发展的育人环境,激发学生潜能,促进学生健康发展;挖掘特色活动,创设多元平台,让学校的绿色文化内涵呈现时代特色;寓文化于校园环境,弘扬正气,激励成长。学校力求环境建设中包含美折射美,并能够反映丰中学子积极乐观的阳光品质,让学生在欣赏、感悟的同时,获取知识和精神的成长。

1. 开展温馨教室建设,浸润学生心灵

基于"国韵丰中"的发展特色,学校打造"国韵"校园,班级文化、特色活动、特色课程、特色社团相继建立。学校以"温馨教室"创建为平台,提倡教育温馨,师生关系、生生关系温馨。学校还开展"一班一特色"挂牌命名活动。基于此项活动,创造有特色、有核心价值、有归属感、体现班级精神的绿色班级文化。推进班级行

为好习惯养成,挖掘班中感人事迹,弘扬正气,推进和谐班集体形成。尝试在每个年级中,让有条件的班级开设"班级网页"试点工作。进一步加强"一刊一报"(即校刊、校报)工作,汇编德育论文集,加强校园文化建设,营造积极向上的人文氛围,使校园处处见德育。开展"一帮一牵手互助"活动与"温馨牵手伙伴"评选活动,使丰中校园更温馨,丰中学子行为更文明。

2. 围绕绿色文化建设,发掘学生潜能

以"美育节"、"文化节"搭建文化交流平台,展示丰中阳光少年风采。以"我们的节日"、经典诵读活动为抓手,让学生了解民族文化,传承中华传统美德,体现"国韵、文化、健康"校园文化特色,呈现"德艺双馨"的育人内涵。着力打造具有"琅琅的读书声、嘹亮的歌声、蓬勃的健身、开心的笑声"的校园特色,开展"我是快乐丰中人"班歌创作评比活动,提升班级团队的凝聚力,彰显学校特色文化。

3. 优化学生管理团队,引领主流价值形成

学校充分利用优秀的学生社团、少先队和班集体的榜样作用以及在学生中的辐射力、影响力,对学生进行示范和引领。发挥团队、社团作用,大力创新专题教育课的内容与形式,构建健康向上的主流价值观念、思维方式和行为规范。

4. 拓宽"国韵"空间,引领学生发展

学校在原有以"京剧"等传统文化为核心的特色工作推进中开发新项目,进一步挖掘"国韵"新内涵,如手球项目的开发和推广。手球项目的推广基于学生发展的需要,项目实施中队员们勇于拼搏的精神得以彰显,使德育内容更加丰富。

(三) 有序推进,挖掘"崇善·尚美·蕴思"的教育内容

为适应新形势下学校德育工作的要求,学校树立新的德育理念:即以学生发展为本制订德育工作的重点内容,并通过多元化教育内容的实施,促进学生思想素质的整体提高,为学生的终身发展奠基。近几年我们德育工作推进突出了以下几个方面:

1. 推陈出新:创新常规教育形式

常规教育活动是学校德育的主要形式,但由于沿用多年,往往模式单一,甚至容易被忽视。几年来,我们每项常规活动都认真规划主题,围绕主题创新活动形

式,努力形成特色。如学校文化节、体育节等把常规的教育活动加以整合,依据主题设计丰富的活动内容,在过程中落实教育目标;国旗下系列教育等常规活动也有鲜明的教育主题和明确的教育目标,并且由年级、班级加以承办。

2. 分层实施:培养良好的品德修养

学校深知教会学生做人远比传授知识意义深远,学生的品德修养是逐渐引导养成的。德育管理工作的首要任务就是根据学生的发展特点设计有针对性的教育活动,使学生意识到自己的发展目标。

学校将德育内容根据学生年龄和心理特点分级实施,各年级有明确的训练内容、目标和方法,形成有章可依的系统内容。六年级通过加强集体主义和团结协作教育,以"教育小故事"为核心开展主题教育,引领队员认识到团结协作的重要作用,学会与他人交往;七年级通过感恩为主题的校班会教育,引发对父母、老师等人的关爱与尊敬。通过中队文化布置评比活动和相关主题教育活动,以争"友谊章"为激励方式,发挥八年级学生的组织能力,提高团、队员的创造性和兴趣,最终达到关爱他人、感恩于行的目标;八年级通过以人生观为主题的校班会教育,引发学生对生命的热爱,树立积极乐观的人生态度;九年级通过班会、校会等形式开展宣传,树立理想,明确责任,激励学生自我奋斗,实现理想,最终规划人生、演绎精彩。分级实施教育内容,细化了教育要点,也提供了教育方法的指导,德育的效果得到最大程度的体现。

3. 贴近生活:选择具体化的教育内容

为克服德育内容"大而空"的问题,学校在德育内容的确定上,力图做到符合学生的认知水平、关注学生经历,"低起点、小步调",尽量使德育内容生活化和具体化。开展感恩教育,"讲身边的事、学身边的人"主题征文和演讲等系列活动,倡导学生从我做起、从现在做起、从身边的小事做起,自觉践行社会主义荣辱观。

学校开展"社会现象大家谈"活动。根据一些不良现象,以班级为单位开展大讨论,并进行评比,引导学生正确认识社会行为。开展"绿色生活共创美好未来"校级数字故事比赛,共同倡导低碳、节能、绿色生活理念;在社会生活实践活动中专设传统项目环保时装秀活动,通过大家自己动手,体验合作,感受舞台气息,给予学生锻炼的机会和平台。

4. 关注热点：设计有针对性的教育内容

形势发展使学校德育工作面临诸多新情况和新问题，学校认真设计具有针对性的教育内容，最大限度地解决学生教育过程中的热点问题。如：有的学生曾经一度迷恋网吧，网络上的各种复杂的文化现象对学生产生强烈的影响，无节制上网严重影响了身心健康，成为家长、教师和社会关注的热点。学校在上级统一部署之前就确定了"科学上网"、"网络与健康"、"建设绿色网络家园"、"主动拒绝网络毒品"等主题教育内容，在升旗仪式庄严的氛围下开展"告别网吧"的签字仪式，控制学生迷恋网吧的现象。

（四）创设平台，在体验中养成"崇善·尚美·蕴思"的品质

学校德育管理中联系现实生活，针对社会热点问题，组织学生讨论，引导学生鉴别真伪，评价美丑，不断获取先进的思想道德观点，充实完善自己。学校从社会实际出发，不仅用社会生活中的新鲜事物、先进事迹给学生以正面教育，还适当地让学生了解社会生活中一些消极落后方面，帮助他们正确认识和对待这类现象，从而让学生在体验中学会判断，认清社会发展方向，坚定社会主义信念。

1. 志愿者服务活动

学校志愿者服务小队有目标、有计划，并定时、定点开展实践活动，最终通过展板的形式展示实践活动中的所做、所想、所思、所感，起到道德引领作用。学生通过观看展板拓宽了视野，通过实践获得了宝贵的生活经验。

2. 道德体验活动

学校大队部指导红领巾志愿者服务队开展"大家争创行规示范校"、"我与丰中共成长"等服务活动，不断丰富传统美德和爱国主义情感教育内涵，引导学生树立"公正、包容、责任、诚信"的价值取向。

3. 艺体等活动体验

学校努力挖掘学校、社会和社区资源，让学生进行体验和实践。学校利用艺术、体育、科技等特色项目挖掘学生潜能，丰富学生成长经历，感悟成长快乐；以学校特色和示范项目为载体，不断提升学生的综合素质，把丰中学子培养成有志向、

有志气、有志趣的快乐好少年。

（五）心灵关怀，建立"崇善·尚美·蕴思"心理辅导网络

当前，学生的公平意识和希望被关注的意识越来越强，所以学校在开展德育工作时以平等为基础，关爱为内容，谈心、说明为主要方法，热爱、尊重、信任学生，并依据每个学生的爱好、性格、心态抓住他们最关心、要求最迫切、反映最强烈的热点问题，对症下药，因材施教，拨动心弦，使之产生共鸣。

学校积极构建心理辅导体系及时对学生进行心理综合辅导，这对于化解学生的心理问题，培养健康向上的态度、价值观、情感、意志、品质、个性等十分重要。学校加强心理教育辅导，建立德育处——年级组——班级心理教育网络，形成以专职心理教师为骨干，各班班主任、团队干部为主体，全体教师参与的心理健康教育师资队伍。

心理辅导方式尊重学生个体差异。心理沟通的辅导管理体系基于学生特点而开展，充分体现学生在德育中的主体地位，克服把学生单纯看成是管教对象，把管教的行为作为目的的做法，建立一种民主平等、互敬互爱的新型师生关系。认真研究学生身心发展规律，密切关注学生的心理特点，采取一般辅导与个别教育相结合；开设"健康苑"、"丰中心灵花园"、"心理咨询"栏目，深入学生内心世界，努力塑造觉容、向上、快乐的健康学生。学生是不断成长的，教师正确面对学生反复犯错的现象，要对他们有足够的宽容和理解，引导学生大胆探索、积极思考，学会理解，能够宽容，富有爱心。

学校还关注教师心理培训，为教师提供区校培训平台，从而形成和谐的师生交流，以健康乐观的心态投入工作和学习。

（六）学科德育，拓宽"崇善·尚美·蕴思"的教育空间

学校教育方式的特点规定它的主阵地在课堂、在教室，故此丰富多彩的学科教学成为渗透德育思想的主要形式。在具体的课堂教学中，学校依据学科特点、教材特点，采用故事、小品、课堂剧、诗朗诵等教学活动实现德育思想。每一学科都有其自身的育人功能。文科类，培养学生的爱国心，帮助学生了解中华民族的历史和优秀的文化遗产；教育学生尊重异质文化，达到与别人和谐相处的目的。

自然科学类学科的宗旨是通过知识的学习及态度和技能的培养,增进学生对自己、社会、国家以至世界的认识,并使学生在学习中发展思考能力,确立正确的价值观。

强化学科德育,充分体现学科的育人功能。定期开展学科德育论文评比,以促进德育为先,以德树人的理念。同时提升学科德育成效化,鼓励教师适时、适度开展学科德育融入,提升专业能力。

(七)多方联动,建立学校、家庭和社会共育网络

学校努力改变封闭的教育模式,创建三种教育紧密配合、相互促进,形成学校、家庭、社会齐抓共管的开放式教育格局。学校建立了学校、家庭、社会联系制度,每学期都通过不同的方式与家长和社会有关部门联系,沟通情况,研究德育工作方法和策略。每年定期开放家长日,师生和家长共同参与创作表演,家长走进课堂观摩等。

学校进一步拓展社会德育活动市场:一是有效利用社区资源,让学生置身于社会大环境之中,参与社会实践,体会社会生活,感受社会竞争,接受社会考验。二是建立校外德育基地,有针对性地开展教育活动,定期组织学生到基地开展活动,这些基地主要包括:革命烈士陵园、爱国主义教育基地、交警中队、禁毒所等。三是组织学生参加"小手拉大手、让城市生活更美好"文明创建活动。

另外,学校还积极鼓励学生走进大自然学习和体验。这些举措有效实现了校内外教育的联动,让学校、家庭和社区资源相融,从而实现校内外教育和谐联动。

四、"崇善·尚美·蕴思"德育实践的管理与评价

(一)明确职责,健全管理网络

学校构建学校、年级、班级三级管理网络,明确德育管理的职责。由校长、德育主任、大队辅导员、年级组长、班主任等组成德育工作小组,加强德育处、教导处、总务处之间的横向联系,实现学校的德育工作上下一致,部门配合、信息畅通,充分发挥德育管理的效能,从组织上保证学校德育工作的实施。

德育管理着力加强教师德育工作职责的学习,强化德育意识,调动广大德育工作者的积极性、主动性和创造性,确保德育工作切实有效。学校加强师德规范

的学习,制定班主任工作和考核细则,明确德育工作目标和工作步骤,使教师明确自己的责任,又能够规范教育行为,从而保障德育工作顺利推进。

(二)细化管理,扎实推进

学校制定严格的校规校纪,规范学生的行为,并利用法治和舆论的作用,形成一种强大的教育氛围,使学生养成遵纪守法的习惯和自觉性。健全和完善德育管理制度,不仅是落实德育的需要,也是对学生进行常规训练的需要,是明理导行的保证。再好的制度都必须落实,而落实对学生教育来说体现在效果上,教师抓好教育的每一个细节,从学生的仪表举止、一言一行出发,引导学生健康成长。

学校以查带训,以查促进,全面发展"文明示范班级评优制"和"一日常规督查制"等等。各项规章制度都致力于促进学生德智体美劳诸方面的和谐发展,形成德育渗透、全面育人的管理体系,强化对学生的训练。

1. 关注细节,强化意识

关注学生日常行为细节,开展学生学习习惯和文明行为的养成教育,强化自律意识、学习意识和公德意识。

(1)分层实施。根据不同年级学生的年龄特点和心理特征,提出符合本年级学生的行为习惯和心理发展的教育内容,加强监督和反馈,及时整改,培养学生良好的行为习惯。

(2)重视学生干部队伍建设,以学校、年级、班级各项活动为平台,发挥小型干部队伍的能动性,使其起到良好的表率作用。继续完善以学生为主体、教师为主导,以参与学校管理为主线的轮流检查制度,进一步对自主管理人员的选拔、职能、要求等进行细化,形成完善的操作方案。定期召开交流会,对检查过程中的问题展开讨论,同时对好典型进行表彰。

(3)对行为偏差生和学困生通过各种形式的帮教活动,纠正一些不良的行为习惯和学习习惯,并做好一定的跟踪记录,关注问题生的思想、生活、学习动态,开展好各类温馨的帮教工作。

2. 完善评价内容,健全考核机制

加强学生行为习惯的养成教育、礼仪教育、诚信教育和基础道德的强化教育,全面开展行为规范工作常态检查,促进创建工作内涵的发展。通过开展各类评比活动,如行为规范示范班星级评比活动、"综合素质十佳"等评选活动,表彰先进,树立典型。

在教师层面,学校开展两年一次的校级优秀班主任以及校园丁奖的评选,以激励班主任提高德育工作实效。

(三)多元评价,促进品德内化

德育评价的目的不是遏制人和为难人,评价者要学会用欣赏的眼光,全方面、多角度客观地评价师生;要从关心师生的生活小事做起,做到尊重师生、帮助师生、关爱师生。学校通过"校长信箱"、"学生周记"等形式进行沟通交流,慎重地使用评价结果,随时校正师生的过失,给他们以及时正确的指导。这样既有利于他们的可持续发展,使评价发挥其良性功能,又可为师生下一阶段的发展提供丰富可信的背景资料。

德育评价中,学校采取多元评价。学校定期开展"丰中好少年"评选,激发个体成长;开展"行为规范示范班"、"文明班"等评选,加强班级建设。另外,学校以班级值勤周检查和大队部抽查相结合,加强班级行规的检查,从而激发学生进行自我教育的评价,让学生、班集体在过程中自我认识、自我评价、自我调控、自我提高。另外,学校建立家校联动机制,整合社区力量,开展学校行规常态化的反馈评价。多元评价,让德育考核趋向公正合理,从而促进学生品格内化,提升实效。

(四)科学评价,落实目标

质量评价是德育管理的重要手段,对于激励学生持续进步,形成良好的思想品质具有很强的导向作用。学校一是建立了包含道德品质、公民素养、意志情感等项内容的学生基础性发展目标评价体系,每学期采取学生自评、互评和教师评相结合的方式,对学生思想品德发展状况进行一次评估,以利于教师有针对性地确定教育目标;二是突出对班主任教师工作效果的评估,每年都依据班集体建设工作目标的完成情况,评选出校优秀班主任,激励班主任教师不断提高专业能力;三是按照《学校德育专项工作目标体系》,认真开展监督评估,并将结果以较大的权重列入教师综合评价之中,引导教师意识到德育的首要地位。持续不断的效果评价,为实现学生、教师、学校不同层次的德育目标提供了有力的保障。

特·色·德·育

基于京剧传统文化开发"国韵丰中"校本课程体系

基于京剧传统文化,学校积极开发"国韵丰中"校本课程体系,并把其纳入学校特色文化和德育课程体系。"国韵丰中"课程体系的推进,激发了学生的潜能,培养了学生的自信,成为丰中德育的有效载体。

一、课程设计背景

学校基于"十一五"总体规划,在深入调研的基础上提出了学校新一轮发展的核心理念——"以质量立校,以特色立校,以文化立校,全面创建和谐发展的校园"。在这全新教育理念的引领下,特色文化创建工作被提上了议事日程。

学校所处的真新街道是嘉定区一个新兴街道,街道文化发展迅速,其定位是立足地方特色,追求民族文化中的雅俗共赏。街道文化馆有女子腰鼓队、京鼓队、地方戏表演队。正是考虑到学校的地域及街道文化特点,学校把"国韵丰中"作为学校的特色文化之一。京剧是中华民族的艺术瑰宝,是中华民族的国粹。这门高深的艺术,积淀了中华民族千年丰厚文化底蕴,有两百多年的发展历史。京剧以歌舞演绎故事,其人物有忠奸之分、美丑之分、善恶之分。人物形象鲜明,栩栩如生。因此,以京剧为载体的校本文化建设,有利于增强学校文化底蕴和丰富学校精神文化内涵。学校在原有以"京剧"等传统文化为核心的特色工作推进中开发新课程、新项目,如手球、口琴、科技等,进一步挖掘"国韵"新内涵,完善丰中精神体系。

二、课程创意

1. "国韵丰中"校本课程打破了传统校本文化构建的方式,不仅以学校活动和学校环境布置作为其重要载体,课程文化构建及学校文学社团也都成为重要载体。多层次、全方位融入京剧文化理念,以达到潜移默化的教育效果。

2. "国韵丰中"校本课程在引领师生兴趣,激发师生审美情趣,提高师生艺术鉴赏力,积淀校园文化底蕴方面有重要作用。

3. "国韵丰中"校本课程为学校拓展课提供了实践舞台。此课程体系是结合教师专业兴趣,以激发学生潜在兴趣为主要出发点。学校大部分学生家庭教育缺失,学生内在潜能并没有得到有效开发,学生自信心不足。在这样的背景下,学校设置了相关拓展课,如京韵操、京歌联唱、京韵锣鼓、京剧脸谱、脸谱剪纸等。近几年,手球、科技等也被纳入这一课程体系。丰富的课程设置,不仅激发了学生学习的热情,同时也为校本课程开发积累了新的实践经验。

4. "国韵丰中"校本课程也承担着对学生进行"两纲"教育的重要任务。通过课程实施,学生精神领域进一步得到充实,分辨真善美和假丑恶的能力进一步提高了。

三、课程内容

"国韵丰中"校本课程内容有:开展以"京剧"为引领的各项艺术活动、"京韵操",以"国韵"精神为主旨的校本教材等等。

1. 开展以"京剧"为引领的各项艺术活动。这是"国韵丰中"校本文化的基础内容,是激发师生情趣的重要举措。

2. 自编京韵操。学校艺术教师和体育教师合作自创"京韵操"。这是校本文化创建的重要内容,其宗旨是让师生通过学习和训练京韵操感受京剧之美。

3. "国韵"课程的设置。学校开设京剧、剪纸、口琴等多样化课程,引领学生掌握技能,增强自信。

4. 开发"国韵"校本教材。组织相关教师开发与之相关的校本教材,深化以"京剧"为引领的国韵丰中的主题,这也是加强教师人文素养的重要方式。

5. 创建"京声雅韵"网站。创建以京剧发展、京剧故事、京剧活动等为主要内容的校园网站。

四、实施操作要点

1. 列入规划,目标明确

学校把此项目作为五年规划重点内容,健全制度,明确职责,加强考核。

2. 部门协调,全面启动

学校各部门加强合作,启动计划,开展工作。德育、教学、科研和总务等各部门都承担相应的校本文化推进任务,做到管理到位,分层培训。

3. 课程设置,激发潜能

教学管理处设置"国韵丰中"课程体系,把相关内容作为拓展课的重要教学内容,教学对象是六、七年级学生。作为课程设置的重要内容,学校建立相应的考核制度和评价体系,同时加强师资队伍的建设和相关资源的积累。学生的学习潜能获得极大程度的开发,各方面的能力得到了培养。

4. 注重科研,有效推动

活动创设、课程设置,是校本文化推动的显性表现。在实践当中融入科研,对推动学校文化发展起重要作用。

五、"国韵丰中"校本课程的具体内容

1. 在活动中彰显京剧魅力

学校以"京剧"为重要内容,开展了丰富多彩的活动。在活动中,京剧文化的艺术魅力得到彰显。京剧锣鼓队、舞龙舞狮队先后参加了上海市百校风采擂台赛、嘉定区六一嘉年华、区体育嘉年华等大型活动,均受到一致好评,并逐步成为京剧特色品牌。

特别值得一提的是京韵操的创建。学校艺术教师和体育教师联手自创京韵操,并且在师生当中全面推广。京韵操成为丰庄中学每日体育锻炼中师生共同开展的一项运动。一系列活动的大力开展,提高了全校师生的艺术鉴赏能力,培养了学生理解美和创造美的能力,给学校教育注入一股强大的发展动力,形成了品德教育与传统文化教育相结合,德艺双馨的良好局面。

2. 在课程中构建"国韵"特色

真正把校园特色文化内化为学校精神内涵,不仅要以活动为载体,同时要建立相应的课程体系。在课程设置中,京韵操、京歌联唱、京韵锣鼓、京剧脸谱、脸谱剪纸等被作为拓展课的重要教学内容。这些课程的设置有利于把特色文化向纵深推进。同时,其他学科中也融入京剧艺术教育。如语文学科结合京剧脸谱,开设拓展课,使学生不仅了解京剧知识,而且知晓京剧文化渊源;美术课立足从脸谱的各个不同的特点之中,认识到人物的性格特点;音乐课既从京剧唱、做、念、打等动态之中,认识到人物的艺术审美价值之所在,又在歌词、剧情的理解中,对中华民族的传统美德和精神气韵有了初步感受。学校聘请了上海京剧院专家定期对学生进行指导。这一系列课程内容的设置,成为"国韵丰中"特有的课程体系。

在"国韵丰中"理念之下,丰中学科教师也开展了基于京剧艺术的深入研究,各教研组积极编写相关校本教材。艺术组、历史学科和拓展课教师,充分挖掘京剧文化的内涵,将京剧发展历史、脸谱研究等方面内容作为校本教材的素材。如《一颦一笑尽得风流》、《动静结合的京韵美》、《京剧角色——艺术的夸张》、《京剧脸谱:内在性格的漫画》、《漫谈京剧文化》等校本教材逐步出台。这些校本教材成为学科教师拓展课的使用范本,极大调动了学生的积极性和探究兴趣。科学有序的课程构建体现了学校教职工的精神内涵和价值取向,有利于丰中文化的形成。

3. 在环境中融入"国韵"元素

环境建设是衡量一个学校办学水平的重要标尺,同时也是推进特色项目的重要载体。学校十分重视校园环境的布置,在环境中渗透京剧特色,打造国韵丰中的形象品牌。在环境布置中,京剧元素被充分挖掘出来,如神态各异的京剧脸谱、学校开展相关活动的剧照、京剧艺术的介绍等等。这些京剧元素融入到环境当中,不仅起到装饰美化的作用,也成为校园特色文化宣传的重要载体。

同时,学校以京剧为特色的壁画成为校园环境中最富神韵的装点,也引发了师生新一轮的壁画研究。在研究中,京剧作为传统文化的精华,成为师生共同的爱好。通过长时期的文化积淀,学校教师的办公文化也体现出京剧特色,一些民族文化精粹的小装饰品和唯美的京剧图片为办公室带来独有的魅力,体现了教职工的审美情趣,有利于教师身心健康,大大提升了教师的工作效率。环境中融入京剧元素,不仅提升了校园文化内涵,同时也达到潜移默化的宣传目的。

六、效果评价

1. 活动评价。在各级各类活动中,学校依托"美育节"和"文化节"等活动创设展示平台,特别是组织参加课程的特长学生参加市区比赛,通过活动参与和展示获得自我、他人和社会评价。同时，这些活动也成为学校课程评价的重要载体。

2. 考核激励。学校考核评价关注课程备课、实施和结果，根据课程实施的成果给予考核评价。学生以成长手册评价为主要内容，通过学生成长记录呈现学生突出表现和个人成长。

"国韵丰中"校本课程体系不断完善，内涵也日益丰富，体现了学校关注师生发展，多层次全方位创建学习平台，使丰中德育依托课程推进焕发出蓬勃的生命力。

上海市嘉定区丰庄中学 金朝敏

专·家·点·评

上海市嘉定区丰庄中学是一所地处城乡结合部，极为普通的初级中学，办学条件极其一般。多年来，面对社会发展给学校教育带来的新问题、新挑战，全校教职工不气馁、不埋怨、上下齐心、求真务实、锐意进取，尤其在学校德育工作方面进行了大量、艰巨、有效的实践探索，取得了十分可喜的成果。

其一，学校遵循"贴近社会、贴近生活、贴近学生"的原则，把学校德育工作紧紧地扎根在基于时代发展的学校、师生现实状况分析的基础上，增强了德育工作的针对性，为学校德育工作的新布局提供了可靠的依据，较好地克服了当前学校德育工作出现的严重脱离现实的倾向。其二，学校遵循了教育发展规律，将德育工作放在学校发展的整体推进中定位、思考、实施，恰到好处地将德育与学校各项工作融合，很好地践行了"立德树人"的宗旨和"国韵丰中、德艺双馨、人文健康、和谐发展"的办学理念，较好地克服了当前学校德育工作与其他学科教育严重脱离的倾向。其三，学校遵循了初中学生身心发展的规律和"以生为本、自主体验"学校德育工作的重要原则，构建了校本主题教育活动系列和德教科艺卫多方联动的教育网络，让学生在一系列精心安排的活动中，自主体验、自我教育，得到了实实在在的参与、体验、感悟和内省，比较真实地体现了"以学生发展为本"的思想，较好地克服了当前学校德育工作片面注重形式，不顾学生自主成长的倾向。其四，学校遵循了学生特点、学校特质和"知、情、意、行"德育工作基本原理，在多年实践探索的基础上,着力推进以"国韵丰中"为主要载体的学校德育特色。

学校以"关注人文"为目标,着眼于环境氛围的熏陶和感染,创设富有底蕴的文化氛围、拓宽了"国韵"空间,努力打造"国韵"校园和班级文化,浸润学生心灵,内化人文修养,文化强校育人,逐渐形成学校德育发展的特色。学校归纳的一些理性思考和做法是有价值的,有较强的操作性,值得借鉴,具有一定的推广价值。德育工作推进有力地提升了学校的办学质量和水平,受到地区百姓的赞许和领导的肯定。

当然,丰庄中学在德育工作目标、内容体系的梳理上还需更清晰;有些提法,如"健全的人格"等,还需作进一步功能性解读。

上海市高中德育管理专业委员会秘书长　王金根

第六章
学校德育评价的顶层设计

目标是让学生到哪里,活动过程是让学生怎么到那里,评价则是看学生到没到那里。德育内涵外延的丰富性和德育过程的长周期性、多维性,使德育评价变量因素多,过程复杂,效度难以把握,因而长期以来没有一套科学可行的德育评价指标体系。有效进行德育评价的顶层设计,就是为德育评价提供客观依据,科学地评价学校德育,克服主观随意性,增强客观准确性,把人们的价值认识凝集在科学、系统、合理的评价之中。

第 16 问: 德育目标是让学生到哪里,德育活动过程是让学生怎么到那里,德育评价则是看学生到没到那里? 什么是德育评价? 德育评价的功能是什么? 德育评价顶层设计的内涵是什么?

一、德育评价

"评价"一词早在 900 多年前我国的北宋时期就已出现,《宋史·戚同文传》中就有"市物不评价,市人知而不欺"的记载。这里的"评价"是讨价还价、评论货物的价格的意思。我国 2000 年出版的《辞海》(1999 年版缩印本)对"评价"一词的解释是:"评价,评论货物的价格……今亦泛指衡量人物或事物的价值。"评价是指根据某种价值观对事物及其属性进行判断、衡量,亦即对人或物作出好与坏、真与假、善与恶、美与丑、优与劣等的判断。评价意味着对某一事物的价值给予一般的衡量。

"教育评价"(Educational Evaluatipn)这一概念,由美国俄亥俄州立大学教育科学研究所教授泰勒(R. W. Tyler)于 1930 年首次提出,在美国国会 1965 年通过的《初等及中等教育法案》中得以合法化。目前,教育评价思想在世界范围内广为传播,在改善教育管理方面的重要性已获得广泛承认。教育评价已成为教育科学的一个重要研究领域和教育领域的一项重要实践活动。

怎样理解、解释教育评价,是现代教育评价基本理论的重要问题。因为教育评价是一门新兴的学科,它的理论体系、指导思想、评价模式和方法技术等,都处于不断完善、不断发展的过程中。因此,虽然各国教育评价专家、学者对教育评价做了种种界说和解释,但迄今尚未形成统一的、为大家所公认的科学定义。

对国内外评价学者对评价概念的阐释和对资料的分析整理可以看出,尽管各国评价专家学者的哲学观、方法论不同,教育观也不同,但他们对教育评价的认识却有某些共同特点：(1)承认评价是一个过程；(2)价值判断是评价的本质特征；(3)以一定的教育价值观为依据；(4)采用一切可行的科学手段。

根据上述特点，教育评价界定为：教育评价是根据一定的教育价值观或教育目标，运用可行的科学手段，通过系统地搜集信息、分析解释，对教育现象进行价值判断，从而为不断优化教育和教育决策提供依据的过程。[①] 为加深对教育评价的理解，必须明确以下几点：

第一，教育评价的对象、范围和地位。随着时间的推移，教育评价从早期以学生学习结果为对象，逐渐扩大了应用的范围。现代教育评价以教育的全领域为对象，已成为整个教育系统不可分割的有机组成部分。从宏观到中观、微观，各种教育现象都可以作为评价对象，而且不仅是教育结果，教育计划、教育活动和教育过程也可以作为教育评价的对象，这就意味着现代教育评价已经成为现代教育不可缺少的一部分。因此，必须正确认识评价在整个教育系统中的重要地位，必须明确每项评价的具体对象。

第二，教育评价的目的和作用。这涉及评价的指导思想和教育观等基本理论问题。教育评价是为了鉴定、考核，还是为了推动、改进；是为了选拔、淘汰，还是为了教育、发展？ 这是两种不同的教育观和评价观。过去传统的教育评价偏重于鉴定、筛选的功能，其目的是为了"选拔适合教育的儿童"，它是为"应试教育"服务的；而现代教育评价则强调评价的反馈矫正功能，即调控功能，其目的是为了"创造适合儿童的教育"，即评价是为了诊断评价对象的现状，以便发现问题，使教育、教学工作不断改进、不断完善、不断适合教育对象的需要，为促进儿童个性全面发展和提高教育质量服务。

由此可见，教育评价的目的是：教育评价是为教育决策提供信息和依据，为不断完善和改进教育过程、为提高教育质量服务的。

第三，教育评价的依据。价值观在评价中起着十分重要的作用，价值判断是教育评价的本质特征，是教育评价的核心。根据什么进行价值判断？ 如何进行判断？ 这就是价值判断的实质和关键。必须有一个衡量和判断的客观依据和标准，也就是教育的价值目标和标准问题。它涉及什么是价值、教育价值、教育价值观的问题。我们应当根据马克思主义价值观和社会主义现代化建设的需要，根据人才成长发展的规律确立

---

① 胡中锋. 教育评价学[M]. 北京：中国人民大学出版社，2008：3.

我们的教育价值观和价值取向,确定教育评价的价值目标和标准,从这个意义上说,教育方针、政策和教育目标就是我们的教育价值观的集中体现,我们应当以教育方针和教育目标为依据确定评价的目标和标准。根据评价目标、指导思想,价值判断的内涵应包含获取多方面信息、分析解释和综合判断三个方面,从而得到判断结果。

第四,教育评价的手段。教育评价是运用科学的方法和手段,对教育现象及其效果进行测定的价值判断活动,教育评价的科学性在很大程度上取决于方法和手段的科学性。离开了科学的评价方法和手段,就不能称之为现代教育评价。

第五,教育评价与教育测量的关系。教育测量就是借助一定的工具,给教育现象赋值,来获取评价对象数量的方法。教育测量不是教育评价,但它与教育评价有密切的联系。教育测量是教育评价获得数据资料的重要手段。评价只有在测量的基础上才能作出正确的判断,通过测量作出的评价才可靠。测量也需要评价,测量的结果,只有通过评价的解释才能揭示其实际意义。测量是评价的依据,评价是测量的具体体现。教育测量与教育评价又有区别,它们是两个不同的概念。测量关心的是数量的多少,评价关心的是价值的高低;测量是一种纯客观的过程,评价带有主观性,是主观估计与客观测量的统一;测量是一种单一的活动,评价则是一种综合的活动。①

学校德育评价是指运用测量或评鉴的科学手段和方法对学生潜在的和外显的综合素质的差异及其功能行为进行测量和评价的活动;是国家机关、教育行政部门、教育督导和教育科研等专业机构及学校等主体根据党和国家的教育方针、德育法规和德育目标,依据学生身心发展规律,为德育决策提供依据和保证德育目标的实现,有计划、有组织地运用科学手段、形式和方法对有关区域评价对象中的人员范围(学校、教师、学生)、事物范围(德育条件、德育过程、德育效果)、时间范围(年度、学期、月、周)的德育实施状况和成效所进行的价值判断过程。这一界定包含了以下六个要素。

第一,德育评价不仅是对德育情况的描述,更是一项教育价值判断活动,这是德育评价的本质。

第二,德育评价是一种系统收集德育资料的过程,系统性是其重要特点。不仅收集资料,更注重对资料的解释、分析。

---

① 胡中锋.教育评价学[M].北京:中国人民大学出版社,2008:5.

第三,德育评价以一定的理论和政策为依据。比如党和国家的德育政策法规、教育目的和德育目标以及学生的身心发展规律。

第四,学校德育评价的主要内容是德育思想、德育组织、德育实施状况、德育实效等。这些是保证德育目标实现的主要方面,也是德育评价必须抓住的重点。

第五,参与德育评价的主体是广泛的。不仅有政府、教育行政部门组织的德育工作检查评估,还有人大、政协等组织所进行的德育工作视察;不仅有教育督导部门的德育执法检查评估和教育科研部门的专业性德育评估,还有师生参与的对学校德育工作的评价;不仅有学校德育自评,还有社会其他部门、有关人士对学校德育的不同形式的评价。

第六,德育评价的根本作用是为正确决策提供可靠的依据,从而保证德育目标的实现。

二、评价的功能

1. 德育评价的功能

通过各种测量手段收集各种德育信息,对照有关标准,对德育活动及其结果进行评价,可以确定德育活动及其结果水平的高低。这种评价的标准来自两个方面:一方面是以外在的客观标准为准绳,它可以是一定的社会准则、规范,也可以是一定时期所确立的德育活动及其绩效标准,如:德育课程标准、日常行为规范、职业道德规范等;另一方面则是存在于被测群体之间的相对标准或者被测者个体在历时性上的某些变化,它们在学生品德评价中普遍使用。

德育评价的评价功能,在实际中可以表现出几种正向作用,一是描述作用。即对德育活动及其结果进行描述,说明某个时段内德育活动的状态;二是教育作用。特别是对个体品德发展状况的对比描述,以及在描述基础上进行的价值判断,能够使学习者相对客观、公正地认识自己,教育自己;三是导向作用。对德育活动及其结果进行的评价具有导向性质,能够使教育者有意识地调整自己的工作方向与工作重心,也能够使学习者调整自己的努力方向,及时纠正或进一步强化自己的品行。

2. 诊断预测功能

德育评价是基于德育测量的、对德育活动及其结果的诸种因素的综合考察。因此,其评价结果能够说明效果优劣、水平高低,并分析出优劣、高低的原因,即可以作出一定程度的诊断。德育评价的诊断功能发挥得当,能够起到这样几种作用:一是咨询作用。即根据评价结果,了解有关德育活动及其结果的状态,分析成败的原因,由此而获得掌握改进德育活动的必要信息。二是决策参谋作用。尤其是为德育方案、计划的制订和具体措施的选择提供基本依据。三是警示、预告作用。即提示教育者需要密切关注什么,学习者下一步的选择应当侧重什么等。

预测功能主要体现在对学生个体的品德评价方面。由于一个人的日常行为倾向在相当长的时间内具有较高程度的一致性,所以,对学习者个体的品性特征和行为倾向的描述,在一定程度上可以预测其品德形成与社会性发展方面可能的发展趋向,尤其是在对学习者随后的生长和发展环境能够予以了解或进行预测的情况下,学生品德评价的这种预测功能就可能更加显著一些。

3. 反馈与调控功能

无论何种形式的德育评价,其结果一旦及时告知德育主体,并引起了德育主体的关注,便是评价信息反馈回路的接通。评定、诊断功能的发挥,都有赖于反馈回路的接通,否则,便很难体现德育评价作为德育过程环节的重要意义。

德育评价反馈主要是为了改进德育过程,促进学生的品德发展。德育主体可以依据德育评价的结果来对德育方案、计划、措施作出调整,而学生也可以在教育者指导下对个人的品德发展方向作出调整和改进,这些方面反映的都是德育评价的调控功能。不过,除了用于选拔的评价以外,并非所有的德育评价结果都要直接反馈给教育主体。

何种评价结果以何种方式反馈给何种主体(学校领导、教师、学生或家长等),必须充分考虑德育活动的性质、内容,考虑学习者个体或群体的品德发展水平和品性、品行特点。因此,对学习者个体的品德评价结果的反馈尤需慎重。

4. 强化与传导功能

一旦反馈到位,无论教育主体是否自觉,评价结果都可以通过其价值判断而强化某些做法、某些行为,包括积极的强化(如对具有积极正面效果的教育方案、策略的强化和对学生良好品行的强化等)和消极的强化(如对具有消极负面效果的教育方案、策略的改进或放弃和对不良品行的弱化等)。通过德育网络,学校、家庭、社会以及个体与群体之间都能够获得对德育活动及其结果的某个侧面的了解、认识,评价结果由此成为他们之间密切联系、共同探讨的传导中介。即使是德育网络不健全,教育主体之间的沟通渠道不畅通,由德育评价所获取的信息也可能促进他们快速反应、及时沟通。①

三、德育评价顶层设计的内涵

1. 德育评价的目的是为了促进发展

淡化原有的甄别与选拔的功能。所谓甄别选拔是指对学生品德素质状况的优劣水平的鉴别并以此作为表扬的客观依据。顶层设计的德育评价不仅仅是注重学生道德品质的培养和发展,而且还应尊重他们的人格,关注他们的自我体验、自我情感、自我理解与价值观等方面表现出来的基本能力。因此,学校德育一是要促进学生树立核心价值观,二是要促进学生能力的培养。教师要识别学生在原有水平与能力上的提高和进步的独特性进而在更大程度上促进学生"成人"。

2. 德育评价的主体及方式方法多元化

顶层设计的德育评价的主体应是多元的。学生是学校的主人,理应成为评价主体,要建立学生、教师、家长、社区和专职评价机构等共同参与、交互作用的科学评价制度,引导学生及时有效地进行反思和检讨,培养学生品德习得过程和品德实践过程的自我教育,激活学生多重角色意识,以多渠道的信息反馈促进学生人格的健全发展。顶层设计的德育评价还要将定量评价方法与定性评价方法相结合,适应整体评价的需要,丰富评价的方法,全面地评价学生和德育工作效果,追求评价的真实性、激励性、实效性和可操作性。

3. 德育评价的内容多元化

一个人可能在一夜之间暴富,但不能在一夜之间具有精雕细琢的人文道德品质,比如,行为礼貌和善,气质风度翩翩,品味高尚优雅,谈吐幽默深刻等。顶层设计的德育评价应注意以下几点:一是重视学生思想品德中的情感、态度、价值观、兴趣、动机、理想状况的评价。二是既要重视结果评价,更要重视过程评价,即德育工作采取什么样的具体措施,才能把学生培养成什么样的人的综合评价。"德育效果评价就是依据

---

① 陈秋兰.班主任工作与德育[M].广州:世界图书出版广东有限公司,2011:118－119.

特定的德育目标,对德育过程及其结果进行评述和估价,对道德教育在德育主体身心发生的效应及引起的德育主体道德方面的改进和进步做出价值判断……德育效果评价的核心是对德育主体道德品质形成和变化状况的评价。"①新时期下的学校德育强调的是德育评价的过程化,着眼于学生的"未来发展"和德育工作的循序渐进,将形成性评价与终结性评价有机地结合起来,重在学生的发展评价,这是一个漫长的、渐进的和曲折的动态过程。三是关注评价内容和评价目标,课堂内容(如德育的理念、社会主义核心价值观、道德判断等)、日常管理(即时沟通、定期交流、时时评价等)、德育艺术(语言幽默活泼、注重发展、重视个体差异等)和德育效果(学生思想与行为的进步、潜力的空间等)。

4. 德育评价的标准科学合理

顶层设计的德育评价的标准在追求客观严密、实用可调的基础上,要符合学生的个性特点。评价标准在手段和技法上要及时吸收各学科的研究成果和国内外同类标准的可取之处,使之反映时代的气息,保持评价标准的先进性、客观性和科学性。

四、德育评价顶层设计的意义

1. 德育评价的顶层设计为正确评价学校德育提供了客观依据

德育评价实质上是一项教育价值判断活动,正确进行德育评价必须有赖于科学正确的客观依据。德育内涵、外延的丰富性和德育过程的长周期性、多维性,使德育评价变量因素繁多,过程复杂,效度难以把握,因而长期以来没有一套科学可行的德育评价指标体系。继承和发展德育评价理论,有效进行德育评价的顶层设计,就为德育评价提供了客观依据,就可以科学地评价学校德育,克服主观随意性,增强客观准确性,同时还统一了人们对每项指标重要性的认识,发挥了统一人们的价值观念,把人们的价值认识凝集在科学、系统、合理的评价之中的作用。

2. 德育评价的顶层设计为深刻认识学校德育开辟了一条重要途径

德育评价的基本功能是对学校绩效及相关因素进行价值评判,只有深刻认识评价对象才能对学校德育特征作出正确的判断。由于德育是一个复杂的综合整体,这就给

① 黄富峰. 德育思维论[M]. 北京:人民出版社,2006:202.

人们深刻认识评价对象造成了很大的困难。评价指标是由构成评价对象的主要因素分解而来的，是评价对象本质特征的具体化。德育评价顶层设计的核心是通过评价指标把复杂的整体对象分解为各个组成部分，把对复杂整体的认识转化为对较简单的各个组成部分的认识，这就给评价者深刻认识评价对象开辟了一条重要途径，从而为提出加强和改进学校德育工作的有效措施提供依据。

3. 德育评价的顶层设计为实施德育督导检查提供了有效机制

学校德育目标是根据党和国家有关学校德育的方针、政策、规定而提出的，通过德育活动努力争取达到的目的。长期以来，由于种种原因，德育的首要地位还没有完全落实，少数学校"一手硬一手软"的问题还比较突出。"重智轻德"、"智育是硬指标、德育是软指标"的现象在一些学校还不同程度地存在，德育目标落实得不够好，其中一个重要原因就是缺乏科学完整的学校德育评价的顶层设计，没有建立有效的督导检查运行机制。学校德育目标是一个宏观的概括化的体系，不能直接用来做评价的指标。

这就需要德育评价的顶层设计，对德育目标进行指标演变量化，定量测评与定性描述相结合，使德育看得见，摸得着，实在可行。这种机制的运行，能够使德育由软变硬，由虚变实，由"让位"到"首位"，真正实现"德育为首，诸育并举"。[①]

4. 德育评价的顶层设计成为促进学生发展的手段

衡量德育工作的成败，主要是看学生的思想觉悟是否得到提高，正确的道德观念和良好的行为习惯是否形成，这是评价德育质量高低的主要依据。以往我们对德育工作的评价过于表面化，追求标准化，缺乏层次性。如按各项评比或检查的综合积分来评选先进集体的做法，总会使一些班级感到"优秀的班集体"与他们班无缘，这实际上是对班级差异的不尊重。特别是一些"后进生"较集中的班级，常常因个别学生的行为而影响集体的荣誉。以往我们的做法是：哪个班的学生出了问题，就用扣除集体分数的办法，用集体的舆论压力来惩罚学生个人的过失。当个人行为与集体荣誉挂钩时，势必产生"株连九族"的恶劣影响，进而造成班与班之间、班集体内部学生之间、教师与学生之间的对立，给学生和教师造成心理上的不满。另外，由于德育是一个系统而完整的复杂过程，很多内容是隐形的，是无法用量化指标来考核的。如爱国主义教育、共

---

① 詹万生. 和谐德育论[M]. 北京：教育科学出版社，2011：259.

产主义理想教育等都无法通过积分来评价,因此,德育的量化评比很可能导致一些人为了一味地追求分数而弄虚作假,或只是为分数而遵纪守法。为了追求德育的短期目标,必然导致德育上的短期行为,这与我们的德育目标是相违背的。那么如何改变这种情况呢?

德育评价顶层设计的落脚点在于使广大教师特别是班主任潜心钻研如何引导学生将道德认知转化为道德行为,学生也不再担心会被扣分挨罚,而静心思考该如何使自己的形象鲜明,这大大解放了教师和学生的手脚。总之,我们只有更新德育观念,科学合理地进行德育评价的顶层设计,引导学生积极参与道德实践,并努力完善德育评价体系,才能将德育的内容与要求转化为学生自身的思想观念与行为,德育的实效性才能真正落到实处。

第17问： 德育内涵外延的丰富性和德育过程的长周期性、
多维性，使德育评价变量因素多，过程复杂，效
度难以把握。 德育评价要把握好目的性与一致
性、科学性与人文性、过程性与结果性、整体性
与个体性和定性分析与定量分析的特点，那么学
校德育评价的顶层设计原则有哪些呢？

一、目的性与一致性相结合原则

目的性原则是指德育评价必须有明确的目的，这些目的分为长期、中期和近期目
的。德育评价实际是德育工作管理的一种手段，每一次评价都是对于德育工作的调
控。德育评价的根本目的就是提高德育效果，促进学生品德的发展。一致性原则是指
在德育评价的过程中必须采取一致的标准。在德育评价过程中必须坚持目的性与一
致性相结合的原则，否则就会出现目的混乱，因为每级单位都有自己的德育目标，这使
得德育工作者无法根据合适的目标安排德育内容，使用恰当的德育方法。

学校德育评价的目的性与一致性原则的顶层设计应注意：一是德育评价目标的
致，小目标与大目标需要具有一致性，各级各类学校的目标也需要与国家的目标相一
致。二是德育评价的内容与目标要一致，要避免评价目标过高，评价内容与现实情况
相脱节的现象。三是在同一范围内、对同一对象应用同一标准，这样才能区分被评价
对象在群体中的位置。

二、科学性与人文性相结合原则

科学性原则是指在进行德育评价时，必须采取实事求是的态度，不能主观臆断和
掺入个人感情，在德育评价中必须根据实际情况作出科学的、全面的、准确的分析，进

行合理的价值判断,这样才能使德育评价成为德育工作的导向。人文性原则是指在德育评价过程中,尤其是在德育评价标准制定的过程中,不能简单地将学生思想品德发展程度细化为分数与指标,思想品德除了表现为道德行为,还有道德情感、道德认识等方面。

德育评价科学性与人文性原则的顶层设计应注意:在德育评价过程中必须坚持科学性与人文性相结合的原则,否则可能出现操作细则不明的现象。比如某校将思想品德优秀定义为"热爱国家,热爱中国共产党,热爱社会主义,愿意为实现四个现代化而奋斗,为人正直,要求进步……作风端正",这样的评价标准会让德育工作者无法把握尺度,在评价时面临诸多困难。同时,如果不坚持科学性与人文性相结合的原则还会导致伪道德现象,如某校小学生为了让老师给自己发一朵拾金不昧的小红花,竟然偷拿父亲的钱上交给老师。

三、过程性与结果性相结合的原则

过程性原则是指德育评价必须注重德育过程,它包括校风校貌的建设、德育工作经费的投入、教师队伍建设等。结果性原则是指德育评价具有展现一个阶段德育工作效果的功能,它主要指学生的品德测评,包括学生思想政治、道德素质的变化。坚持过程性与结果性相结合的原则,可以让评价覆盖整个德育过程。

德育评价过程性与结果性相结合原则的顶层设计应注意:既重视德育结果评价的合理性,更重视德育评价过程的情感、意志、信念、能力等道德中介因素的影响。就目前来说,我国比较重视德育结果的评价,因为它是对整个德育过程或者一段时间德育工作所取得的成果进行的全面评定,其合理性在于能使我们通过评价效果反馈,及时调整德育工作方案,从而使德育向着良性的方向发展;其不合理性在于重视德育结果的评价,使得德育从积极培养道德变成了消极维护秩序。单一的加减分规则,忽视了情感、意志、信念、能力等道德中介因素的影响,而这些中介因素也是道德的主体性动力机制,如积极的道德情感就对道德信念和行为具有原初动力作用和放大增益效果,同时消极的情感则会产生严重的阻滞和转向作用。德育工作者只有在德育过程中才能慢慢发现这些中介因素的影响与价值。

四、整体性与个体性相结合的原则

整体性原则是指在德育评价过程中,评价对象是德育工作的各个要素,而不仅仅是学生。德育是一个系统的工程,它的效果是多种因素导致的,如果过分强调一种因素,就会使这个系统失去平衡。然而,整体性原则并不是倡导眉毛胡子一把抓,而应分清主次,在全面之中强调重点。同时在评价过程中也应尽量全面地去搜集资料和信息,不能仅凭片面之言就确定评价结果。个体性原则是指在德育过程中,从个体的品德发展角度出发,旨在使德育评价具有促进个体发展的作用,这不同于以往德育评价仅仅为了给学生分类划等的做法。这一点也可以称作德育评价的主体性原则。

学校德育评价整体性与个体性相结合的顶层设计,改变了以往学校的德育评价完全是为管理服务,忽视个体的发展与成长的弊端。所以,整体性原则必须与个体性原则紧密结合起来,以实现德育的最终目标。

五、定性分析与定量分析相结合的原则

定性分析是指对德育过程和结果的性质进行分析,它侧重于质的方面。而定量分析是从数量上对德育过程和结果进行分析,它侧重于量的方面。定性分析与定量分析相结合的评价可以更好地帮助个体发现自己的特点。

学校德育评价的定性分析与定量分析相结合的顶层设计应注意,定量分析可以帮助受教育者找到他在某个群体中的位置,同时评价形式也更加客观。在德育评价过程中,定性分析必须与定量分析相结合才能科学、全面地评价德育过程。①

---

① 赵志毅.德育原理与方法[M].北京:人民教育出版社,2013:271-273.

第18问： 如何进行学校德育评价的顶层设计？

学校德育评价是一个完整的连续过程，包括评价目的的确定、评价指标体系的设计、评价的组织与实施、评价结果分析等环节。就学校德育评价的某个层次、某个侧面来说，每个评价项目、每次评价活动又是一次相对独立的活动。

一、德育评价顶层设计的构成与主要内容

德育是系统工程，这就决定了必须通过系统科学的德育评价顶层设计，构建德育评价体系。德育评价内容的顶层设计包括以下几个方面：一是从评价对象而言，要有对学校德育评价、班级德育评价和学生品德评价的诸方面相互联系的顶层设计；二是从评价内容而言，要有评价德育条件、评价德育过程、评价德育效果有机结合的顶层设计。

德育评价内容就是对德育评价对象的具体分析。由于研究者的研究视角不同，所以对于德育评价内容的概括方式也不尽相同。这里，从有利于指导德育实践出发，我们将从学校管理的角度来叙述学校德育评价的对象和内容。为此，我们把学校德育评价的对象分为三个基本侧面，各个侧面又有着各自不同的评价内容。

1. 对学校德育整体工作的评价

其评价内容包括：德育实施方案，德育管理过程，师资队伍，校园建设，教育教学资源与设备，校风校纪，校外联系情况，德育基地建设等。其评价主体主要是教育行政主管部门或相关的决策、咨询部门，也可以是学校自身。

2. 对学校德育实施过程的评价

其评价内容包括：德育课程设置与教学，课外活动的组织，规章制度的建立与执行，学生管理常规的落实，班风、班纪、班级舆论，教师育人职责的履行，师德修养，德育环境状况等。其评价主体主要是学校主管领导和部门,也可以是上级有关主管部门,还可以是学校全体教师和学生(或学生代表)。

3. 对学生品德的评价

其主要内容包括:品德发展状况,知、情、行的发展水平,日常表现等。评价主体主要是教师和学生,还包括家长和其他校外教育工作者。除了他人评价之外,还包括学生在教师指导下的自我评价。

以上区分仅仅是按照不同的评价对象而对德育评价内容作出的简单归纳。在德育评价实践中,评价内容远非如此简单,它需要根据评价目的、评价范围和评价者自身的素质等来选择。可以说,一切与学校德育有关的因素,教育环境中一切能够直接或间接影响学生品德发展的因素及各自构成的具体层次、具体侧面,学生的在态度、情感、价值观和品行诸方面的一切表现,都可以作为德育评价的内容。[①]

二、学校德育评价程序的顶层设计

1. 确定学校德育评价目的

拟定、设计一个评价方案之前,首先必须明确本次评价活动的目的,只有这样,才能体现德育评价的意义和特点,才能使评价顺利展开,并按预定的目标去设计、实施评价方案。确定评价目的之后,还应该推演本次评价的功用。德育评价的功用主要通过具体的评价对象、内容以及评价类型、方法等得以体现。如:总体评价或部分评价,团体评价或个体评价,诊断性评价、形成性评价或终结性评价,定性评价、定量评价或两者相结合的评价等。

2. 设计德育评价指标体系

评价与一般的德育检查、考核、评比最大的区别之一,是必须构建一套德育评价指标体系。这一体系是由反映评价对象某一方面特征的主要因素和数字或模糊量参数构成的,而由德育评价对象所包括的德育评价指标所构成的集合和整体,这就是德育评价指标体系。[②] 德育评价指标是在根据评价目的,确定评价主要内容的基础上,将

---

① 陈秋兰. 班主任工作与德育[M]. 广州:世界图书出版广东有限公司,2011:120.
② 詹万生. 和谐德育论[M]. 北京:教育科学出版社,2008:259.

德育评价主要内容划分为评价指标,从而构建德育评价指标体系,编制评价标准。德育评价指标体系顶层设计应遵循以下原则:

一是紧扣德育目标的原则。德育评价如果与德育目标脱节,重知识轻实践,重认知轻行为,如果学生品德评定仅仅由教师凭经验、印象给出,这样会导致学生个性发展的教育目标陷于空泛。德育评价顶层设计要注重知行合一,既要重视德育目标,更要重视实践德育、体验德育和感悟德育的目标;不仅要看学生做的方式方法,更要看学生做的是什么。

二是涉及德育全部领域的原则。学校如果单一地偏重"道德"评价或偏重"学业成绩"的评价,只注重从某一方面来评价学生的优异,必定会出现一些平均的类别,把"个体"划入这些类别。这样做经济上的好处在于节约了对"个性"加以"判断"的成本,弊端在于漠视了"个性",而个性被抹杀的后果绝非经济成本核算可以弥补的。因此,德育评价应避免偏重某一方面的评定,尽量促使德育目标的整体实现。无论道德感受、作风态度、行为实践、个体差异、适应理解、精神面貌,乃至德育氛围都应全面加以评定,并在此基础上,进行综合性的评价解释。这种评价的综合性,则远远超过静态的终结性德育考核鉴定方法。

三是量化评价与质性评价相结合的原则。量化评价是通过数量形式来描述学生思想品德素质的特征;质性评价是对学生的本质进行鉴别与确定。量化评价通常注重量的方面,而质性评价通常注重质的方面,量化评价是质性评价的基础,质性评价是量化评价的出发点和结果。量化评价只能作为阐明质性评价的客观基础,质性评价也只能作为量化评价的前提和归宿,量化评价与质性评价相结合的实质就是通过使学校德育管理的丰富经验与数学方法相结合,使测评标准和计量方法有机统一起来,提高德育测评在质与量之间的一致性。德育测评的数量化实际上就是把个体稳定的行为特征和倾向空间,与某一常模空间建立相关关系,使定性评价中无法综合处理的行为特征信息可以得到规范统一的数字处理,使测评者对不同个体品德的心理感觉差异反映在数量差异上,进而综合反映个体品德的差异与水平。[①] 倘若过分强调量化评价,教师以独断分数或等级的方式向学生作出评价,可能培养出顺从听话的"乖学生",但难

---

① 肖鸣政.品德测评的理论与方法[M].福州:福建教育出版社,1995:49.

以培养有独立意识的学生。德国物理学家海森堡(Werner Heisenberg)在量子力学中提出的"测不准原理"："一个微观粒子的某些物理量(如位置和动量,或方位角与动量矩,还有时间和能量等),不可能同时具有确定的数值,其中一个量越确定,另一个量的不确定程度就越大。"这个原理我们可以运用在德育评价上,因为学生的发展与成长都是变化的,对于学生的量化评价不能过于精细,如果量化的成分过于精细化,反而可能产生更大的误差。

3. 德育评价指标系统的设计要求

指标是目标的具体化、操作化,它具有一致性(与目标及子目标的一致)、可测性(具体化、可操作)、独立性(指标之间相对独立)、完备性(指标体系必须尽可能反映评价目标,反映品德生成的诸种环境)和可比性、可行性等特点。指标体系的顶层设计,必须符合德育过程及其结果的性质,并参照相关的研究成果,要考虑社会价值观、学生特点、学生年龄特征、学生的发展需要和水平等因素。

德育评价指标也叫评价要素,指的是能反映评价对象的深度与广度的一系列质量检测点,实质上是德育内容的具体化。实施德育评价必须将评价内容转化为若干既可测试又便于量化考核评价的要素。通常将德育评价指标分为学生综合素质特征和德育工作绩效特征两大模块。

一是素质指标的构成。作为德育评价的素质一般可分为个性倾向性与个性心理特征两大子系统,在此之下还可细分为若干指标。学生的个性倾向性,主要包括需要、动机、兴趣、爱好、信念、理想、世界观等方面。学生的个性心理特征包括三个子系统：气质、性格和能力。

二是绩效指标的构成。绩效是指个体或组织活动的成果及其价值表现。德育工作绩效要素主要包括教师的教学质量、教学效果、工作效率、获奖情况以及社会效益等。

学生群体是未来社会进步与发展的生力军。德育的前提是了解学生,了解学生的前提是尊重学生。作为独立的个体,学生有其独立的权利、人格、能力水平和主观体验,作为德育评价者,应将评价贯穿于学校的一切德育活动中,而不是为评价而评价。

三是选择设计类型。指标设计类型一般分为总体设计、局部设计、单项设计。总体设计用于对德育工作、德育效果、学生品德总体状况的评价,它是从整体结构到指标层级、网络的全面设计,具有诊断性评价和终结性评价的特点,适用于教育行政主管部门、咨询参谋部门对学校德育以及学校自身的全面考核与评定;局部设计是对德育结果或学生品德结构中的某个侧面进行评价设计,如:对德育课程教学效果的评价、对学校德育环境的评价、对学生品德的评价等的设计;单项设计是对德育工作的结果或学生品德的某个指标的单个项目的设计,如:对学校德育物质环境优化的评价设计,对学生道德认知水平的评价设计等,前者为一般设计,后二者为特殊设计。作为特殊设计,通常需要根据具体的评价目的而确定指标体系。

4. 德育评价指标体系的设计程序

德育评价指标体系的具体设计过程,可以大体按照以下几个步骤进行:

一是德育评价对象分析。即对学校德育工作和学生品德的结构做具体分析。如:从德育管理的角度,区分为领导体制、人员配置、师资状况、课程设置与安排等;从德育效果的角度,区分为道德品质(个人道德、家庭道德、社会道德等)、思想品质(人生观、价值观、世界观等)、公民品质(社会公共意识、法律意识、爱国精神等),这些侧面还可以分别从知、情、行几个维度甚至是更小的维度来加以细分;从德育环境的角度区分为学校物质环境(校容校貌、教育设施等)、学校制度环境(学校规章、行为规范、班级公约等)、学校精神环境(校风、教风、学风、领导作风、人际关系等)等。

二是指标体系的确定和编排。如何确定和编排德育评价指标体系,做到既科学严密,又简单易行,是一个难题。就学生品德评价而言,国内学者根据品德发展的"三维结构说",把学生品德测评指标体系确定为三类结构模块:第一种是根据品德是心理内容、心理形式和心理能力三者的有机结合,设置道德品质模块、政治思想模块、个性心理模块和能力模块;第二种是根据品德是知、情、意、行的有机结合,设置道德认识模块、道德情感模块、道德意志模块和道德行为模块;第三种是根据品德的社会化特点,设置道德规范模块、社会规范模块、国家利益模块和政治观点模块。

此外在指标体系的编制形式上,可以采用"直进式"或"混合螺旋式"。为了确保其科学性和可行性,在初步根据"结构模块"确定出评价指标体系后,仍须通过专家咨询,并进行指标体系的预测。

5. 德育评价标准的编制

评价标准即评价时衡量每项具体指标表现程度的标准,包括确定评价等级和编制评价标准两方面。

一是确定评价等级。确定评价等级主要考虑两点：第一，根据实际需要确定评价等级，分级太少则分辨力差，太多则增加评价难度和结果分析的困难。一般来说，用于学生品德评价的等级宜在3—7级之间，用于学校德育工作测评的等级则视具体内容而定，原则上比品德评价等级要少一些。第二，评价等级比较少的时候，最好采用五级制评价，如：优秀、较好、一般、较差、最差五个等级。这些主要依据测量、测评所使用的量表类型来确定。

二是编制评价标准。为了使德育评价能在等效操作下进行，减少随机的、人为的误差，在确定评价指标体系和评价等级之后，还需制定一套与评定等级相匹配的参照标准评语。评价标准的形式很多，如：分段式标准、评语式标准、量表式标准、对比式标准、行为式标准、目标管理式标准、情景模拟式标准等。这里仅介绍品德测评中常用的等级评语式标准。

所谓等级评语式测评标准，就是用文字评述每个指标的不同等级，按指标项目的不同评价等级来编制测评语。这是学生品德评价中运用较广、形式较多的一种标准。大体可归纳为积分评语标准和期望评语标准。积分评语标准就是将指标分为若干评价标准，给每个评价标准分派独立的分数，各个评价标准得分相加即为该指标的评价得分；期望评语标准就是根据德育目标、德育课程标准，把评价指标分为若干等级，针对每个等级制订相应的标准。这种标准通常分为3—5个等级。

6. 测评指标的综合与简化

学校德育测评的指标设计能否全面反映评价对象，能否以尽量少的要素反映尽可能多的信息，即是评价指标的综合与简化问题。它主要有两种方法：经验估计法和科学统计法。经验估计法主要是有关专家凭借自己的教育经验或以往的研究体会，从众多指标中选择起主要作用的指标的方法；科学统计法是一种将定性与定量相结合的方法，它能弥补经验估计的缺陷。

三、组织与实施学校德育评价

学校德育测评的组织与实施是以评价时间、评价空间和评价人员的分类为基础的，包括评价时间与时机的选择、评价空间的组织和评价人员的选用等。

1. 评价的时间与时机选择

学校德育评价的目的不同，评价所选择的时间也不同。与诊断性评价、形成性评价和终结性评价相对应，学校德育评价的时间类型可分为预测式（活动之前）、日常式（活动之中）和阶段式（活动之后，通常以一学期或学年为单位）。

评价时机的选择可以根据评价内容和评价目的而定。对校园风气、纪律的考察，可以通过每周的日常校园活动来观察、记录；对涉及态度、价值和行为倾向的内容，可根据师生工作、学习安排，选择他们可以平静、客观、公平作答的时机。

2. 测评空间的组织

测评空间的组织是指如何选择测评角度的方法。对于不同的评价目的和评价对象，应当选择不同的评价角度。评价空间的组织包括单相法和立体法。单相法是从多种测评角度中选择一个角度进行评价的方法，如：主管领导评价、同行评价、学生评价、教师自我评价等，可以分别用来评价教师"育人"的工作业绩；立体法是从多种角度，同时或顺次评价德育工作或结果，如：尽可能客观评价一位教师的"育人"工作业绩，应该是将主管领导评价、同行评价、学生评价、教师自我评价有机结合起来。

3. 组织实施的一般步骤

通常德育评价的组织实施包括准备阶段、实施阶段、汇总阶段和反馈阶段。准备阶段包括选择实施体制（即由谁负责实施）、组织实施力量（参与评价的人员的选用）和进行施测动员；实施阶段是整个评价工作的主体部分和中心环节，这个阶段要特别注意施测环境的控制和施测时间、步骤的规定以及施测者、受测者心态、思想的变化，以确保评价工作顺利进行；汇总阶段主要是对评价信息进行统计汇总，最后整理出统计结果，即：将评价结果向被评价者或学校德育工作领导小组、班主任等反馈，在反馈过程中，需要说明评价的有限意义，强调适当的保密性和信息使用的适切性，反馈形式可以是口头形式或书面形式。

四、学校德育评价的结果分析

组织实施以后，对评价结果对照某种（或某类）标准进行解释和分析，是学校德育评价的最后阶段，也是德育评价的意义所在。学校德育评价的结果通过必要的综合处理后，可以根据评价目的，参照相应的评价标准（依量表的性质、类型而定）进行结果解释。这种解释可以是描述等第、位次的，也可以是原因分析、问题诊断式的，还可以是预测式的。评价结果的分析与解释，可以用评语式、图示式、表册式等方式来表示。[①]

案例分享

开展学生人生导航　培养全面发展学子

德·育·现·场

开展"学生人生导航行动"　培养全面发展学子

上海外国语大学附属大境中学是上海市首批实验性、示范性高级中学。学校秉承"爱国荣校、艰苦奋斗、自强不息、永争一流"的大境精神，坚持"引领学生更好发展"的办学理念，以"大境界、高学养、有特长"为培养目标，开展以"自主、责任"为特色的德育工作，深化以"自主、探究"为主要学习方式的课堂教学，建设以"选择、开放"为特征的学习素养课程，探索"沉浸式、快乐型、开放性"的外语教学研究。

学校坚持立德树人，深化课程改革，着力构建以培养学生学习素养为核心的学校特色课程，深入开展"人生规划·职业导航"、"做大境人、修大境界"的主题教育活动，积极探索基于 IMMEX 优化学生思维活动的评价教学研究，促进学生可持续发展。

理·性·思·考

有效开展"学生人生导航行动"的实践思考

学校开展的"学生人生导航行动"，教师在贴近学生、贴近生活、贴近实际理念

---

① 陈秋兰.班主任工作与德育[M].广州:世界图书出版广东有限公司,2011:124-126.

的引导下,对学生进行"四导",即:思想引导、健康向导、学业辅导、生活指导,引领每个学生健康成长成才。它紧紧围绕发展是主题,导航是主线,探索新形势下全员育人、全程育人、全方位育人的新途径、新方法。通过几年的实践,"学生人生导航行动"的开展推进了学校全员、全程、全方位德育的落实,提高了教师德育意识和育德水平,增强了学校德育的实效性。在教师的导航下,学生能发挥出潜能,积极主动地学习和生活,从而达到全面发展、个性发展、可持续发展的目的。

一、"学生人生导航行动"实施的主体是教师队伍

教师队伍是有效开展"人生导航行动"、实现德育目标的人才保证。古今中外的教育家都十分重视通过教书育人达到以德育人。教育家苏霍姆林斯基说:请你记住,你不仅是自己学科的教员,而且是学生的教育者、生活的导师和道德的引路人。教师担任导航工作后,不仅要传授学科知识,工作中还要关心自己导航学生的思想品德状况,更要关注学生今后人生的发展道路。导航师的自身素质直接决定着导航效果。从教师身上,学生感受到思想的启蒙、情操的陶冶、智慧的生发。以德育人,是教师对社会应尽的义务,也是教师对社会作贡献的主要内容。

正因为教师在"人生导航行动"这一过程中起着重要的指引作用,所以我们从以下几方面加强教师队伍建设:

1. 构建开放的学习平台,提高教师的学术内涵。面对新课程改革的新观念、新教材、新技术,面对不断发展变化的教育对象,教师可以在开放的学习平台中进一步学习教育理论和课改理念,提高理论素养和学习能力。

2. 构建互助的实践平台,提升教师的育德智慧。教师以一个实践者、研究者的角色进入教育实践,运用自己所拥有的知识对自己的教育实践中的问题进行多层次、多角度、多学科的分析,发现自己实践中的长处与不足,从而不断优化指导方式,提高实践能力,提升育德智慧。

3. 构建自主的发展平台,激发教师创造潜能。教师的工作具有个体性、创造性的特点,教师的专业发展离不开自主意识和自主能力。富有创新精神的教师总能把自己的每个行动当成是创造活动,永不满足、积极探索、追求卓越。

"人生导航行动"中,教师付出的是责任、使命和才干,学生收获的是思想、意

识和成长。这样的双向互动,导出的是师生关系的和谐、教师威望的提升和学生的加速成长,实现教育相长与互动。学生有疑问求教于教师,教师从学生的问题中,反思自己的教育,及时反馈调整,提高了教育的针对性。学生在教师指导下使问题得到解决,喜悦之情溢于言表,它感染了教师,让教师感受到辛勤劳动的成果。其间,不无学法和教法的交融,思想和理念的冲撞,得益的是教与学的双方。教师要在本职工作中不断提高自己。学生的问题来自方方面面,思维角度不同,切入点不同,题目也是五花八门,有一些问题教师也答不上来,常常带着学生的问题看书、找资料。教师觉得,要成为学生"知心导航师",必须不断提高自身素养,从而推动教师自身成长,提升导航水平。

二、"学生人生导航行动"以课程活动为载体

"学生人生导航行动"以学生发展为本,着眼于时代的要求,关注学生身心全面发展和个性潜能的充分发挥。因此,要构建起为学生的自我发展、终身学习意识与能力的养成提供足够时空的学校课程。英国学者菲利斯·泰勒提出:"课程是教育事业的核心,是教育运行的手段,没有课程,教育就没有了用以传达信息、表达意义、说明价值的媒介。"课程是学校实现教育目标的主要载体。为满足不同学生发展的需要,学校向学生提供更丰富多彩的课程,帮助学生树立正确的学习价值取向、获得源源不断的学习动力、掌握科学高效的学习方法、提升综合多样的学习能力、保持强烈敏锐的学习意识,获取优质的学习效果,为终身学习和发展奠定坚实基础。在实施过程中应该注意教师主导与学生主体相结合。教师是课程的设计者、组织者、实施者,教学目标和具体要求是通过教师来体现的。教师通过有针对性的辅导与帮助,把学生思想道德发展推向新的更高的阶段。学生是授受者、学习者、参与者,是积极活动的主体。学生更多地参与课程活动,并在参与中获得更多的机会,积累更多的体验与心得,进而在课程进度中去思考自己的人生发展问题。在课程实施中,我们既注重教师的主导作用,又充分调动学生自我发展的积极性、主动性,把主导性和主体性结合起来,加强教师在教育中的主导性建设,体现课程实施过程中的客观规律。

在课程实施途径上,注意认知教育与实践体验相融合。既抓好课堂主渠道的

相关教学内容的认知教育,也以实践体验为重要途径。认知教育中重视社会责任教育的内容和人生规划知识的传授,使学生理解课程中的专业知识,并能够分析解决发展过程中遇到的各种问题,正确引导他们的思维倾向和价值取向。同时为使课程内容丰富、课程形式多样,课程设计中提供了探索与体验的机会,促进学生理性思考,让学生在实践中丰富人生经历,树立学习理想,规划人生目标,达到知行统一。我们认为学习知识要与学生的实践体验交织在一起,将知识运用到实践之中,才能被学生活用。德育课程实施只有关注学生对生活的体验才是真正有意义的。

三、"学生人生导航行动"需要校外资源整合

"学生人生导航行动"是一个综合性的系统工程。学校的教育资源毕竟有限,而社会教育具有资源丰富,活动空间广阔,综合影响力大,针对性和实效性强等优势。我们把社会各方面的力量组织起来,形成社会教育网络,共同担负起教育青少年一代的重任。

学校结合本校办学特色和理念及周围地区的发展状况,采取多种整合资源的思路和措施,使社区教育资源得到有效利用,保证学校教育向社区延伸。

1. 场地资源——发掘功能,扩展阵地。

2. 人力资源——积极挖掘人力资源,形成长期的校外教育师资队伍,聘请校外辅导员,具备专业知识的学生家长以及优秀大境毕业生等等。他们加入校外教师队伍有利于引导学生适当走出校园,在实际社会体验活动中提高社会责任意识。

3. 机构资源——半淞园路街道及其附近地区,有大量关心青少年成长的社区单位。比如豫园、上海科技馆、残疾人协会等等。学校充分运用机构资源,为开展有针对性和实效性的教育活动创造条件。学校和社区单位建立由双方领导班子、社会实践基地负责人组成的联席会议制度,发挥领导和协调各方合作的作用。通过联席会议和定期召开的工作研讨会,形成育人的共同目标,共同创设有利于学生道德成长的环境,拓展学生社会实践的载体和措施。

高中教育阶段是学生成长的关键期,不仅是学习知识和技能的重要阶段,也

是形成世界观、人生观和价值观的重要时期；不仅是观察社会及其生活并理性思考的开始，也是认识自我和设计未来的起步。要把立德树人作为教育的根本任务，坚持育人为本，德育为先，把促进学生健康成长作为学校一切工作的出发点和落脚点。我们要联系工作实际，加强学生发展指导，完善育人体系。将尊重学生、以学生为本的思想贯彻落实到学校教育教学活动之中，为每个高中学生发展提供更有质量的教育。

顶·层·设·计

以"学生人生导航行动"贯穿学校德育工作

学校以"引领学生更好发展"的办学理念，强调以学生发展为本，关注在教师的引领下每一位学生的主动发展、健康发展、持续发展。为此，学校以德育项目"学生人生导航行动"为主线，将其贯穿到育人的各个环节，全面带动学校德育工作，实现教师对学生成长的引领。

一、"学生人生导航行动"的目的

"人生导航行动"就是指导学生树立正确的世界观、人生观、价值观，把社会主义核心价值体系融入学生教育的全过程，真正体现全面育人、全员育人、全程育人。因此，"学生人生导航行动"的目的就是教育和引领学生：有坚定的人生信念，增强责任意识；有正确的人生规划，增强公民意识；有丰富的人生知识，增强综合素质；有积极的人生态度，增强生命情感。

二、"学生人生导航行动"的内容和方法

1. "学生人生导航行动"中教师指导的内容

（1）思想引导。指导学生树立正确的世界观、人生观、价值观、荣辱观，牢固树立党的观念、国家观念、人民观念、社会主义观念。对思想引导的内容进行重点选择，设立的专题有：中国共产党的奋斗历程、"三个代表"重要思想、科学发展观、社会主义核心价值观等。指导学生撰写学习体会，交流汇报，使重要的思想进入学生的头脑，引导学生成长。

（2）健康向导。深入开展"健康锻炼一小时，青春活力每一天"的校园健身计划，开展丰富多彩的体育健身活动，构建积极向上的健康校园。进一步加强健康体魄和健康人格的教育指导，完善心理健康咨询、诊断、辅导，完善青春期教育指导。

（3）学业辅导。端正学生学习态度，激发学生学习兴趣；调动学生学习的主动性，指导学生学习方法；对学习上存在困难的学生个别辅导答疑；对学有余力的学生进行竞赛辅导，从而全面提高学科教学质量，全面提升学生的综合素质。

（4）生活指导。使学生树立健康向上的生活态度，引导学生养成良好的生活情趣，培养学生积极的生活方式，发展学生独立自主的生活能力，指导学生有效使用互联网，重视个人的情绪管理，加强与家长的亲子关系，增强人际交往的技能。

2. "学生人生导航行动"中教师导航的方法

教师在学生的成长中是学生的知心人、领路人、导航师。每位教师一般导航2—4个学生，导航对象由学生自愿报名，教师选择，双向定位。他们可以是老师的"得意门生"，也可以是需要帮助的普通学生。导航行动不限于校内进行，还可以在平时交流与家访活动中开展。导航方法主要有：

（1）人格熏陶，潜移默化。对学生进行引导，教师首先要以身作则。《中共中央国务院关于进一步加强和改进未成年人思想道德建设的若干意见》指出：教师要"热爱学生，言传身教，为人师表，教书育人，以高尚的情操引导学生德、智、体、美全面发展"。教师的理想信念、道德情操、人格魅力直接影响到学生的思想素质、道德品质和习性养成，高尚而富有魅力的师德就是一部活的教科书，就是一股强大的精神力量，对学生的影响是耳濡目染的、潜移默化的、受益终生的。教师的行为举止、为人处世、教育观念、知识功底、业务水平等都是对学生进行思想道德建设的组成部分，都有规范的标准与要求。

（2）交流互动，走进心灵。导航师采用面对面谈话、电话沟通、网络联系、笔谈、家访等等形式与学生交流，走进学生的心灵，建立心理上的认同，达到心理相容，进行有针对性的教育和引导。

（3）自我教育，主动发展。著名教育家苏霍姆林斯基说："只有能够激发学生去进行自我教育的教育,才是真正的教育。"导航师在导航行动中利用契机,引导学生养成自我教育的习惯,达到主动发展的目的。如每个学生都制订了发展规划,过一段时间自己对照评估,哪些做好了,还有哪些欠缺,及时调整方法,争取下阶段能达标。

三、"学生人生导航行动"中教师导航的职责与原则

1. "学生人生导航行动"中教师导航的职责

教师作为导航师,全面了解学生成长过程中的各方面表现,开展"思想引导、健康向导、学业辅导、生活指导",并经常与受导航学生家长及其他任课教师沟通交流。其主要职责是:

(1)关注受导航学生的思想、行为上的细节表现,提升受导航学生的思想道德素质。

(2)关心受导航学生的身心健康,对受导航学生进行健康人格和健康体魄指导。

(3)关心受导航学生的学业进步及个性特长发展,指导受导航学生改进学习方法,提高学习能力和学习效能。

(4)指导受导航学生具有积极的生活态度,合理安排课余时间,引导受导航学生参加积极向上、活泼健康的活动。

(5)教师将导航工作视作一项日常工作,视作一个研究的课题,在导航中将教育与研究相结合,对自己导航的过程与效果进行分析,并在《导航师工作手册》上做好记录。一学期后,撰写小故事或个案分析。

2. "学生人生导航行动"中教师导航遵循的原则

"学生人生导航行动"追求"以人为本"的原则,以教师的个体发展为根本,以学生的个性发展为根本,最大限度地了解每个导航师与学生之间的种种合理需要,尊重导航师与学生的情感和尊严,尊重导航师与学生之间的个性差异,这是学生人生导航行动有效开展的前提。

(1)按需导航。导航师根据学生的个性特点和需要,指导学生规划人生,并引导学生向着确定的方向前进。导航师对受导航学生的情况和需求非常熟悉,对学

生的教育影响符合受导航学生的意愿。

（2）注重过程。衡量导航师工作质量高低的主要标准是看导航师在引导学生过程中所投入的时间和精力，看导航师是否能根据学生的实际情况进行引导，以及引导学生的实际表现。

（3）师生互动。在整个导航行动中，导航师与受导航学生的关系是平等的。受导航学生在导航师的导航下健康成长，而导航师也在与受导航学生的交流中提高自身教书育人的能力，形成一个良性循环的互动体系。

（4）全面协调。"学生人生导航行动"对受导航学生的关注是全面、协调、持续的，导航师关注的内容除了受导航学生的思想和学业，还有人生成长过程中全方位的引导和教育。

四、"学生人生导航行动"的实施策略

为保证"学生人生导航行动"的有效开展，学校实施的策略是创设多个载体。

1. 主题教育

主题教育是学校根据时代、社会发展的宏观背景、学生身心发展的实际需求，按照学校的办学理念和目标开展的富有时代特征和生活气息的教育活动。近年来，学校设计的主题教育有：

● "学党史、感党恩、促发展"系列活动。2011 年以纪念建党 90 周年为契机，通过三个阶段十个"一"，广泛开展内容丰富、形式多样的主题教育活动。

第一阶段——学习党史，知党情

① 上一次党课

② 开一次主题班会

③ 办一场知识竞赛

④ 出一期黑板报

第二阶段——走进党员，感党恩

① 读一本人物传记

② 组织一次红色故事演讲会

③ 采访一位身边的党员

第三阶段——感悟体会,促发展

① 唱一首红歌

② 征一篇博文

③ 演一出情景剧

通过以上活动,学生加深了对党的历史的了解,进一步增强了爱党意识。

"学党史、感党恩、促发展"主题系列活动后,高一年级、高二年级有数十名学生递交了入党申请书。一位高三学生说:"这些活动让我们更加了解了马列主义、毛泽东思想和邓小平理论。尤其是邓小平理论和'三个代表'重要思想、科学发展观,指引我们正确认识当前存在的矛盾和困难,以及党和政府解决这些问题的决心和措施,进一步坚定了社会主义信念,让我们受益终身。"系列活动用党的历史教育人,用革命先烈的感人事迹、用身边党员的奋斗精神感染人、打动人,从而引导学生发扬党的优良传统和作风,唱响"永远跟党走"的时代主旋律。

● "做大境人·修大境界"系列活动。为培养和造就具有"大境界、高学养、有特长"的新时代优秀学子,我们强调学生要树立正确的世界观、人生观、价值观,培养高度的社会责任感,鼓励学生为了社会发展和自身人生价值的实现而努力学习。结合学校的实际情况,我们提出"做大境人·修大境界"的教育主题,引起了全校师生的普遍关注。

第一阶段:解读大境含义

为更好地理解"大境"两字的含义,在本阶段着重开展两项活动:

(1) 循大境路·访大境阁

(2) 考"大境"起源

第二阶段:了解大境历史

视听参观·走进大境

第三阶段:拓展大境内涵

本阶段建立在前两个阶段的基础上,让学生共同参与探讨,从自己的视野去理解和拓展大境文化的内涵。

高一年级:开展诗词歌赋大赛,并以班级为单位进行相关的演绎,获奖作品可作为校歌歌词的候选。

高二年级：开展主题演讲比赛。

高三年级：开展校徽设计比赛，优秀作品经过审核后将作为新校徽的候选作品。

全体学生：参与校园网的网上论坛的交流活动，抒发己见，也为大境的未来出谋划策。

第四阶段：做优秀大境学子

开展校园主题师生论坛，展示前三个阶段取得的成果，如优秀作品展示、优秀论点公布等，并进行总结。

本次主题活动让学生的个性和才能得到张扬、热情和创造性充分发挥，在同学心目中产生了强大的吸引力，已经成为学生自我展示的重要舞台，更重要的是在活动中对"读书、明理、成才、报国"的校训有了主动思考，道德认识水平有了提高，责任意识得到了增强，积极进取、自强不息体现在各个班集体的精神风貌中。

2. 校本课程

为实现课程的育人价值，增强德育工作的针对性，学校积极开展校本课程建设的实践研究，旨在满足不同层次学生的发展需要，满足学生个性特长发展的需要，满足学生全面和谐发展的需要。

业余党校是一门主要的德育校本课程，它成为提高学生理论素养的有效和有益的平台。业余党校的学习根据高中生的年龄特点和不同的思想层次，分为初、中、高三级，即高一的党章学习小组、高二的青年修养小组和高三的人生价值学习小组。对于刚进入高一年级的学生，党章学习小组以《中国共产党章程》为主讲内容。讲坛的重点是明确党的性质，坚定党的信念，牢记党的宗旨，确立人生价值。高二的青年修养小组以《邓小平理论著作导读》为主讲内容。重点是讲解如何运用辩证唯物主义观点，深入学习邓小平理论中关于解放思想、实事求是的理论精髓，以及树立远大理想、坚持奉献社会的论述。高三的人生价值学习小组的重点包括如何正确认识党风；坚持改革开放，增强社会责任；坚持党员标准，创造条件争取入党等。

　　此外针对高三学生的特点,在高三年级开设了"人生规划·职业导航"德育校本课程,旨在探索并形成适应社会发展需要和人的身心发展需要的新型课程,使学生人格健全和个性发展。结合理想信念教育,合理进行人生规划,加强职业指导,丰富课程内涵,使课程内容具有时代性和创新性。开设的课程有:

　　优秀毕业生或校友与学生谈人生;心理咨询师进行高考前心理辅导;专题报告:高考志愿填报辅导、职业规划参考等等。课程通过座谈、报告、互动、实践等形式,使得学生能够顺利度过高三的学习生活,规划未来人生,实现自我的理想,成才报国。课程中的实践体验活动见下表:

活动类别 活动形式	活动形式	活动主题
自主 (实践模拟)	模拟招聘会	规划今天,掌握明天
	模拟职业面试	模拟人生　见习未来
	自主创业方案设计	让"自主"为"创业"保驾护航
	企业经营管理模拟	DIY企业家
	职业生涯与成功人生规划	设计职业生涯,规划成功人生
自励 (访谈对话)	成功人士访谈	树立坚定信念　扬起人生风帆
	就业形势分析	职业设计与生涯规划
	学长引领	听引导　论世事　思形势　谋发展
	自主创业家长引领	今朝之见　明朝之就
	学生家长成功经验谈	开启成功人生
自省 (测评探讨)	职业价值观测评	科学发展　权衡自我
	学生个人职业规划探讨 (附制作个人规划图)	我的未来我做主

3. 社会实践

　　德育要追求的是让学生获得真情实感,甚至是刻骨铭心、一辈子都难以忘却的效果,这才是最有价值的教育。因此,社会实践是"学生人生导航行动"的重要载体。学生在实践中接触社会、了解社会,丰富实践、感悟、反思的情感体验,为终身发展打下基础。

　　我们将各项社会实践活动细化为常规实践、主题实践、公益实践和特色实践四类。常规实践是国家相关文件规定的实践项目,我们制订好方案,以确保军训、学农、十八岁成人仪式等活动扎实开展。主题实践以学校主题教育为依托,具有实效性和时代性,活动中突出教师的主导作用和学生参与意识,将自己融入到活动中,配合宣传、文艺等活动展现当代学生的风采。公益实践则是利用了社区提供的教育资源,充分发挥高中学生掌握的知识和技能。活动中突出的是学生的主体作用,使学生在服务他人中获得成就感和愉悦的心情,热爱社会公益事业,愿意利用自己业余时间,无偿为公众服务。特色实践是由学校办学特色和理念及周围地区的发展状况,挖掘社会资源的教育价值,主动联系校外教育单位,策划设计的社会实践活动。活动中突出师生互动,引导他们善于思考、产生积极的体验。

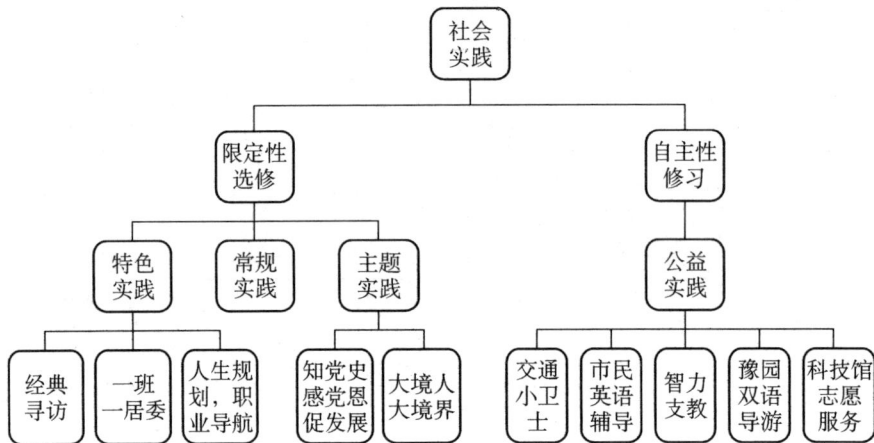

4. 学科融合

智德、知情是不可能分离的。各任课教师在平时的课堂教学中做到"有意"、"有机"、"有序",发挥学科主渠道的德育功能。所谓"有意",就是教师有学科德育意识,在教学过程中有意识地强化基本观点,将德育要求与知识能力的培养融合在教学目标中。"有机"就是使基本观点有机地渗透在知识载体中,贯穿课堂的全过程,挖掘教材内在的德育因素,不穿靴戴帽,牵强附会,而是水乳交融,有机联系。"有序"就是指学科寓德育于教学中,在内容上、层次上紧紧围绕德育大纲中的要求,努力形成思想教育的序列,各任课教师挖掘教材中的德育资源,注重在教学中智育与德育的有机结合,使学生在接受知识的同时,提高思想认识。在教学中与爱国主义相结合,与中学生行为规范相结合,与中华传统美德教育相结合,使学生知、情、意、行得到升华。

5. 心理辅导

心理健康教育贯穿"学生人生导航"始终。学校高标准建设心理健康教育中心,经常开展心理辅导活动,为学生个人和团体提供咨询、辅导服务,疏解学生心理障碍,引导学生做好心理调节,把心理健康教育融入到学校教育教学之中,营造良好的心理健康环境,培养学生健康的人格。

我们开展心理辅导主要有三种类型:个别咨询与辅导、团体辅导和开设学习心理学有关的课程。其中校园心理剧是深受学生欢迎的一门特色心理课程。课程主要采用主题式教学:以学生心理发展的规律为依据,运用心理辅导的原理进行主题方案的设计。通过课程的开设,帮助学生从更高层次来了解学习的过程,掌握学习的一般规律,并根据自己的学习风格来确立相应的学习策略。

6. 家校联动

"学生人生导航行动"为学校、家庭共同关注学生的成长创设了平台。学校定期开展主题为"家校互动重合力,和谐校园展风采"家校互动日活动。邀请家长走进校园,关注教育,聚焦课堂,家校联动,合力形成育人氛围,共同引领学生更好地发展。

平时导航师与家长通过电话、网络以及家访的形式共同商讨如何育人,共同面对社会。导航师指导家长掌握科学的家庭教育理念和方法,引导家庭培养学生健康的生活习惯、与人和睦相处的技能和积极的生活态度。尤其是单亲、问题家庭的学生可以经常得到及时有效的关心与帮助,使学生家长真切地体会到教师对自己孩子的关爱。

以上六个教育载体构成整体实施"人生导航行动"的策略,形成"每个教师都是学生人生发展的导航师"的格局,努力实践全员育人、全程育人,真情、真心、真诚地教育和引领学生在德智体美等多方面得到最充分的发展。

五、"学生人生导航行动"的保障与评价

1. 运行机制

学校成立了"学生人生导航行动"领导小组,正职校长担任组长,德育分管校长担任副组长,小组成员有德育教导、教学教导、团委书记、年级组长、四创团队负责人。"学生人生导航行动"的运行机制建立在"引领学生更好发展"理念下,以唤醒学生主体意识,发挥内在潜能,让每个学生都能在自己原有的基础上达到更高的发展水平。运行机制分为管理、操作和保障三个方面:

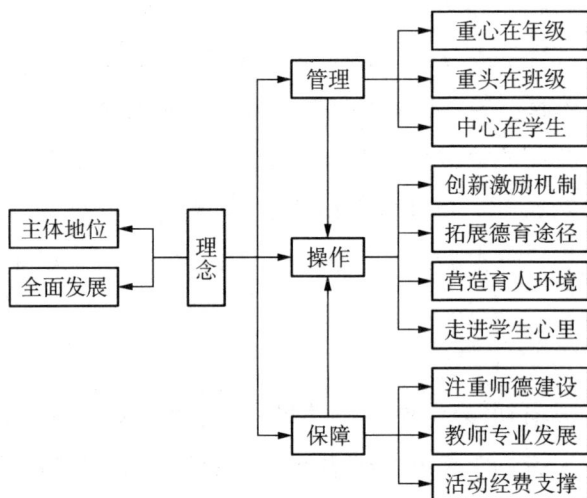

2. 队伍保障

有效开展"学生人生导航行动"的关键是导航师。因此,学校创设条件,搭建平台,成立了"四创团队",不断提高教师的学习素养,提高教师导航的实践智慧。"四创"教师自主研究团队组织带领教师开展以解决"人生导航行动"实施中的实际问题为取向的教育教学研究,对导航的内容、方法等进行检查、反馈、评估,对导航过程中的问题加以共同探讨解决。四个团队互为补充,有学习与积累的过程,有实践与反思的阶段,更为重要的是有同伴间的互助与引领。

"创智班主任沙龙"侧重于德育实践的研究,通过班主任之间"思维碰撞、头脑风暴、智慧结晶"的模式,搭建德育经验交流共享的平台。"沙龙"的成立立足于骨干班主任,以"市十佳班主任"、"市劳模"周菁老师为负责人,发挥骨干班主任的辐射作用,交流实践经验和创意,进行典型案例的剖析和反思,创新德育途径、方法等。

"创思学社"是学校骨干教师学术研究的领军团队,为培养具有育德意识和育德能力的教师提供了较高的平台。

"创为课程研究小组"致力于完善学校课程结构,探索开发新课程的团队,由全体拓展课老师组成,注重在学习交流和课程实践中不断创新,在创新中达到有所作为。

"创意青年教师工作室"参加对象为入职不满 10 年的新教师,通过经验探究、理论探索、创意探求的途径与方法,旨在博采众长增涵养,综合提升人文素养。

3. 评估和反馈

从教师的角度分为三个层面:

● 分析反思:导航工作是教师的一项日常工作,也是一个研究课题。教师对自己指导的过程与效果进行分析,并在《学生人生导航手册》上做好记录。

● 交流研讨:学校以交流会和调研会等形式,定期开展研讨,促进理论与实践上的交流与完善。

● 评选表彰:进行"人生导航行动"个案评比和评选"知心导航师",不断激励教师提高指导水平。

从学生的角度也分为三个层面:

● 建立档案:引导学生制订《我的发展规划》,学生每学年开始时都按规定认真填写;建立学生学习档案,将学生学习情况的变化过程记录在案,同时学生在校期间参与的拓展课、研究课以及参与各项社团、主题教育等方面情况也做好相应记录,从而全面了解一个学生学习及活动参与情况。

● 倾听心声:学校定期召开以"我心中的知心导航师应该具备的素质"、"我所喜欢的知心导航方式"等主题的学生座谈会,了解学生的真实想法。

● 评优激励:设立"大境之星"评选制度,学习他人,评价自己,重塑自我,使每个学生的素质得到全面提高。

特·色·德·育

规划今天,成就未来——"人生规划"教育

一、人生规划教育的意义、特点

中学阶段及时对学生进行人生规划方面的教育,对于帮助学生理性思考自己的人生,科学地规划自己未来的职业,进一步激发学习的内在动力,培养学生的社会责任感非常重要。

人生规划教育的意义:可以帮助学生了解自己、了解社会、了解教育、了解职业;通过开展丰富多彩的活动,建立广泛的友谊,发展多方面的兴趣,发现并发展自己的特长;树立生活的理想、信念和价值观,规划自己的人生,逐步实施自己的人生规划。

人生规划教育的特点:注重激活学生的自我意识,通过教师的引导,让学生自主开展"人生规划"设计,帮助学生形成正确的心理定向,尽早确立自己的人生发展方向,从而形成在未来学习中的清晰目标。同时通过分年级系列活动设计,使学生广泛接触社会,加深对社会的认识,引导学生自觉地将自己在中学阶段的学习与个人的长远人生规划联系起来,高效地完成中学阶段的自我发展规划。

二、人生规划教育的实施

(一)"认识自我,规划学习"——高一年级教育主题

1. 设计意图

高一新生往往沿着不需要自己思考与选择的既定轨道走入高中,不知道该如何安排高中乃至今后的学习和生活,普遍缺乏整体规划意识。因此高一人生规划教育首先要帮助学生认识人生规划的重要性,提高规划意识,在教师指导下充分认识自己,明确三年高中任务,对高中三年进行初步规划。

2. 设计图表

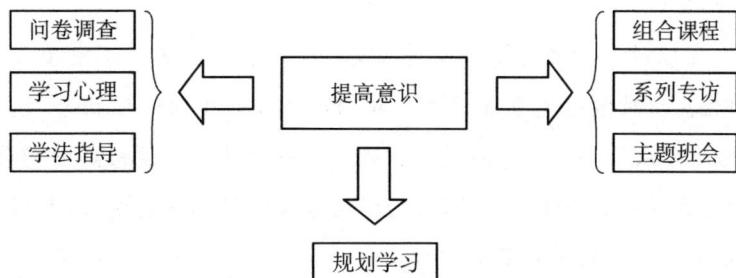

3. 操作实施

（1）问卷调查

为了了解学生的思想脉络，找到教育的切入点，我们编制了《大境中学人生规划调查问卷》，内容涉及学习、生活、人生规划等各个方面，如：

① 你是否感觉学习没动力？

② 你是否为自己做过人生规划？ 比如你想要报考的大学、是否出国、倾向的职业等。

③ 你现在或者说几年内有明确的目标，并有切实可行的计划吗？

我们还举行班长和团支书联席会议、校长与学生面对面等活动，倾听学生的需求。根据统计的数据和调查结果，我们设计多种教育形式，让高一学生领悟学习的意义，掌握合适的学习方法，树立正确的学习理想，初步确立人生目标，制订好三年规划。

（2）教育措施

● 校园学习心理剧

由心理教师指导的校园学习心理剧，是一种针对性强、效果明显、学生又喜闻乐见的新兴的团体心理辅导方式，能够帮助学生认识自我。校园学习心理剧主要通过组织学生编演校园生活中的人和事，营造一种心理自助和互助的氛围，使学生在活动中学会调适心理状态、减缓心理压力、解决心理问题，使学生反思自我，从自己眼中的自我到他人眼中的自我，从现在的自我到将来的自我，学生对自我的认识在校园学习心理剧的演出排练和分享中逐步完善。

● 学法指导

高一学生以较高的成绩升入高中后,以前的学习方法在高中学习中并不适应,少数学生甚至对学习失去了信心。我们既关注学生的心理状态,也注意在学习过程中给予学法指导。我们在高一年级多个核心学科开设初高中衔接课程,加强学法指导,培养良好的学习习惯,帮助学生掌握学习的一般规律,并根据自己的学习风格来确立相应的学习策略。

● "组合式"课程

由于学生在学习的兴趣、动机、情感、态度等方面都存在着差异,学校的"组合式"课程针对学生的差异,主要以培养学生学习素养和能力的提高为目的,开展语文、英语学科"组合式"课程建设。以"基础必修课+模块选修课"组合设计课程,精减共性的基础,增加可选择的不同基础,在完成共同必修内容的基础上,可以分阶段、分模块、分专题、分程度地"自由组合"课程学习,从而让学生在选择学习的过程中找到适合自身学习特点的内容。

● 系列走访

为帮助学生提高规划意识,充分认识自我,我们还设计系列活动,让学生走出校园。

走近名人:以成功人士的案例帮助学生提高规划意识;

访谈校友:以校友的现身说法指导学生明确高中的学习生活目标;

寻访名校:从中找出自己的梦想和现实的差距,认识自我。

● 主题班会

通过以上活动,使学生对自己的认识不断深化,经教师指导,每个学生都制订"我的发展规划"——规划高中三年的生活,并通过主题班会课开展阶段性的反思和小结。

(二)"认识社会,体验职场"——高二年级教育主题

1. 设计意图

高二学生已经适应了高中的学习生活,也有了初步的人生目标,正跃跃欲试,

急切想要认识社会,体验职场生活。因此,与高一教育内容偏重学生认知不同,我们设计的高二人生规划教育让学生走向社会,让知识与学生的活动、体验融合在一起。

2. 设计图表

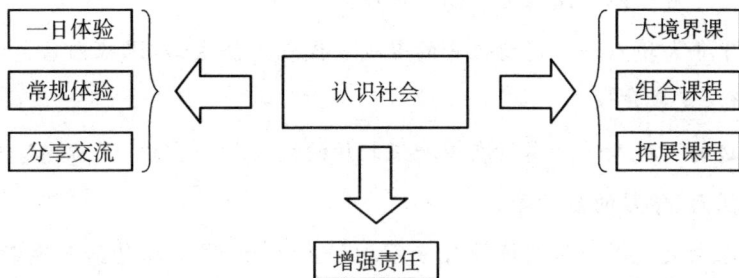

3. 操作实施

(1) 参与社会体验

面向全体学生开展"职业一日体验"的活动。借助家委会的资源,整合社会力量,为学生提供职业见习的场所和机会,让学生走向社会,明确自身的责任,修订符合自身特点的发展规划,提高规划高中学习生活的能力。

以高二(2)班为例,班级分为9个大组进入各行各业开展体验活动,包括了校长助理、电视台编辑、装潢公司设计师、人民法官、区政府工作人员、人保保单员、报社记者、辅读学校教师、游戏公司客服等职业。

学校也为高二年级构建了长效职业体验的机制,搭建更接近普通工作者的实践体验岗位:见习居委干部、交通协管员、场馆服务人员、特教教师、旅游景点导游等。这些岗位的体验活动穿插在平时的课余生活中。

我们注重教育过程中学生的情感体验,研制职业见习日工作手册。在职业见习前完成职业兴趣的调查,并依据调查结果为学生分配见习的单位。在见习的过程中,要求学生完成企业情况调查,完成见习日志,并在见习结束后撰写感想。职业见习后,学生通过主题班会交流各自心得。通过活动,学生在直观的体验中,明确了自身的责任,在分享中感悟成长。

（2）"做大境人，修大境界"特色课程

为提升学生思想道德修养，我们充实了常规的学生业余党校的授课内容，建设了校本课程《做大境人·修大境界》。组建以校内外大境教师和校友为主体的课程讲师团，挖掘"大境精神"内涵，将精神内化为学生自身的学习动力，确立具有"大境界"的学习理想。课程分为以下板块：

● 五十年大境人——邀请优秀的老校友代表担任主讲，课程内容包括大境发展历程、个人发展建议等。

● 身边的大境人——邀请在校担任教师的校友担任主讲，课程内容包括大境的今天与明天、学习的启示等。

● 修人生大境界——邀请校外专家担任主讲，课程内容包括三观教育、人生理想教育等。

● 做优秀大境人——以校学生干部和优秀学生代表为主体，以他们的行为和事迹为榜样带动全体学生争做优秀大境人。

（三）"认识职业，规划未来"——高三年级教育

1. 设计意图

高三的人生规划教育让学生把所学的知识与理想追求联系起来，使学生初步具有科学规划人生的能力，主动规划未来人生发展的方向，实现自我的理想，成才报国。

2. 设计图表

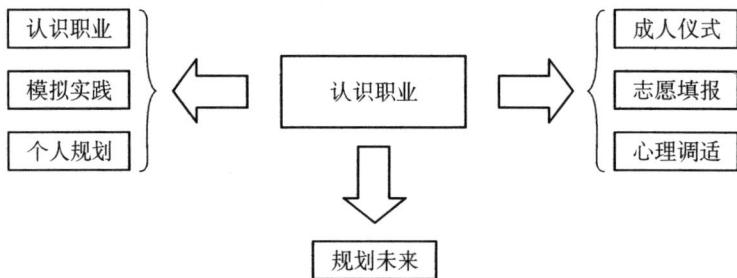

3. 操作实施

（1）"人生规划·职业导航"课程

该课程包括三大板块：学习理想、学习潜质和学习选择。通过《人生规划·职

业导航》系列课程,引导学生根据个人的实际情况规划未来的人生,让每位学生描绘个人的发展规划图,思考未来人生。

系列	模块	形式
学习理想	核心价值	宣讲提升
	理想信念	党校学习
	公民意识	成人仪式
	学长引领	对话座谈
学习潜质	心理调适	心理辅导
	学法指导	知识讲座
	实践体验	多种形式
	交际口才	知识讲座
学习选择	专业探索	拓展课程(兴趣导向)
	择业理念	职业价值观测试(个人性格)
	职场需求	模拟招聘(社会取向)
	志愿填报	辅导报告(专业介绍)

（2）实践体验活动

高三学子在填报志愿之前,开展三个层次的实践体验活动:首先通过邀请家长、校友以及职场专业人士来校作报告,让学生对职业有更加专业的认识;接着组织模拟招聘会,让学生亲身感受职业双向选择的具体过程;学生在参加了各类专业报告和模拟招聘实践之后,对社会的职业模式有了清晰的认识,他们在充分了解和感受社会职业发展的形势和需求中,根据个人的兴趣和特长有针对性地去学习和选择,从而让学生明白今天的学习如何为今后的人生发展奠基。

三、人生规划教育的成效

1. 深化认识,确立目标

通过人生规划教育的开展,学生能认真地反思自我,发现自我身上的优缺点以及特长、兴趣和爱好,随后根据个人实际再确定未来的学习和人生目标,从而有助于深化对人生规划的认识,提早确定发展目标。

学生感言:经过这一次对自身发展的规划后,我对未来有了更明确的方向,不再单纯地为了学而学,学习上更有激情。与此同时也培养了对自己的发展应有长远眼光的意识,时刻铭记自己的理想,并为之奋斗!

2. 增强责任,激发动力

学生认识到:作为社会主义事业的接班人应关注自己的未来与发展,丰富和提高自身的科学文化知识和思想道德修养,使自身的潜能得到最大限度的发挥,使自己的发展更加全面和完善,从而形成对祖国、对人民强烈的责任意识,将自己人生的规划与祖国的前途命运联系起来,自觉承担起中华民族伟大复兴的历史重任。

教师体会:"人生规划教育"实施后,为学生提供了一个良好的思考平台,学生初步了解了自己的个性气质、兴趣能力。学生的认知改变后,内在的资源和潜能也被激发,学习的信心和勇气也随之提高,人格健全发展的诉求也较以往有所发展。

3. 树立理想,奠基未来

通过"人生规划"教育的开展,学生对自己进行了重新审视,认识到自身的优势和不足,同时还了解到社会对人才、专业等方面的要求,从而促使学生开始反思自己今天的学习目标,这些都非常有助于学生端正自己的学习态度,不断激发自身的内驱力,提升认识问题的境界,树立学习理想,形成终身学习的价值取向。

高三课程"人生规划·职业导航"受到学生、家长的一致好评,同时也引起了《新民晚报》、《劳动报》、《中学生报》等多家媒体的关注,他们主动上门做了跟踪报道。其中,《新民晚报》以《从18岁到60岁的人生——大境中学组织学生提早开展职业人生规划设计》为题报道学校高三年级的职业规划活动,颇具影响。

苏联著名教育家苏霍姆林斯基曾经说过:"当我们的学生离开校园的时候,带走的不应该只有知识,更重要的是对理想的追求。"人生成长的关键点就那么几步,而这几步甚至会决定一个人的一生。高中生正处于人生观和价值观变化发展的关键阶段,学校必须为他们提供一个正确的视角和途径,引导他们更好地发展。学校在人生规划教育中做了一些探索,我们将继续深入做下去。

上海外国语大学附属大境中学　石嘉伟

专·家·点·评

上海外国语大学附属大境中学以"引领学生更好发展"的办学理念对"学生人生导航行动"进行了整体的构建，从理性层面作了较深入的分析，对"学生人生导航行动"的内容与方法以及具体实施策略、保障体系与评价作了全面详尽的阐述，并在此基础上较好地概括提升了学校实施"人生规划"教育的特色。尤其反映了学校德育工作立意深、起点高的特点，清晰地理出了学校在实施"学生人生导航行动"过程中，立足当下，面向未来，一切以学生发展为本，始终紧扣"引领每一位学生主动发展、健康发展、持续发展"的教育思路。凸显了学校教育的科学性、实践性和可操作性，系统概括了学校教育的许多富有创意的举措，例如，主题教育活动和社会实践活动的设计、校园心理剧系列活动的组织、开设特色校本课程、把人生教育与学科教学很好地融合，以及组建的教师团队"创意青年教师工作室"、"创智班主任沙龙"、"创思学社"和"创为课程研究小组"等均有很多新的实践探索，给人以很大启发。大境中学的德育工作经验有借鉴意义和实用价值。

上海市实施《两纲》专家组高级专家、上海师范大学教授　古人伏

后 记

　　伏案两年,《学校德育顶层设计18问》一书终于付梓,其实这是16年的思考、探索和实践的结果。然而,此时并没有激动、喜悦和成就感,只是多了一份担心,该书能给德育工作者带来启发与参考吗? 因此,不敢奢望大家从中吸取多少养分,只是期盼各位同仁对该问题能给予关注,发现和解决问题,为进一步增强德育工作的针对性和实效性做出我们应有的努力。

　　古人云:"大学之道,在明明德,在亲民,在止于至善。"立德树人是学校教育的宗旨,是教育者的神圣使命,贯穿于学校教育的全过程和学生日常生活的各个方面,寓于智育、体育、美育和劳动教育中,对青少年的健康成长起着导向、动力和保障作用。当前,德育实效性不强是不争的事实,其原因很多。然而,当我们冷静审视和思考学校自身德育工作时,会发现诸如学校德育目标"过高"、"过大",德育内容脱离学生实际"过空"、"过远",还没有形成比较科学、系统、规范和相对稳定的传授体系等问题。

　　学校德育需要整体顶层设计。古人云:"凡事预则立,不预则废。"学校德育是一项系统性工程,整体构建学校德育体系是每一个教育工作者特别是校长必须面对和解决的课题。因此,必须从学校层面上系统考虑德育各环节和各要素的关系及作用,注入育人价值,系统构建学校德育。学校德育顶层设计具有应用性、操作性的特点,强调执行力,在执行中要注重细节,实施精细化管理,注重各环节之间的互动与衔接。

　　学校德育顶层设计要有整体性。要统筹考虑学校德育的各层次、各环节和各要素,以增强学校德育工作的科学性、系统性、针对性和实效性。

　　学校德育顶层设计强调民主性。学校德育顶层设计是高端的设计,但不是校长"拍脑袋"的设计,是自下而上、自上而下的民主集中的设计,是符合学校实际的设计。

　　学校德育顶层设计关注价值性。德育的各环节和各要素要与学校的办学理念及培养目标相关联、相匹配、相衔接,要体现育人价值。

学校德育顶层设计具有操作性。学校顶层设计的德育思路要清晰明确,可实施、可操作,具有可行性。其中,校长是学校德育顶层设计的第一责任人。

1998 年,本人有幸参加了詹万生教授主持的全国教育科学"九五"规划国家重点课题"整体构建学校德育体系的研究与实验"的子课题研究,不仅在"主题班会研究与实践"方面取得了一定的研究成果,更促使我在整体构建学校德育体系方面有所探索和实践。这些年在深入反思德育工作实效性不强时,更加强烈地感觉到学校德育顶层设计的必要性和重要性,这是能否增强德育实效性的重要因素。

4 年前,我开始尝试学校德育顶层设计的研究,并且这项研究作为我在华东师范大学教育部中学校长培训中心的兼职教授的主要教学内容。2010 年我主持了上海市德育管理与研究实训基地,"学校德育顶层设计"作为研究课题之一,15 位学员将本校的德育工作从"理性思考篇"、"德育工作篇"和"德育特色篇"几个方面进行系统梳理,其中"德育工作篇"又从"目标与内容"、"途径与方法"和"管理与评价"等六个部分入手,将这 15 个学校德育顶层设计案例,汇编成《注入价值的品质德育——学校德育顶层设计的实践与思考》一书。于漪老师评价道:"从本校实际情况出发,分析校情,分析学情,分析所在区域的德育优质资源,在摸清底细的基础上制订规划,在理性思考德育的价值取向中,提升德育自觉。"

《学校德育顶层设计 18 问》从学校德育目标与内容的顶层设计、学校德育途径与方法的顶层设计和学校德育管理与评价的顶层设计六个方面进行阐述,并有六所学校的德育顶层设计案例,设想能够对教育同仁们在学校德育顶层设计方面有一定的启示,并希望就此抛砖引玉,能够引起更多教育工作者对该课题的关心和重视,更欢迎同行专家和广大读者提出宝贵意见,以便做更深入的探索和实践。

由于自己的水平有限,书中对某些问题的思考和论述可能还不够透彻,对有关问题的研究有待于进一步实践和深化,书中难免存在不足之处,敬请各位专家、同仁与读者批评指正。

在该书付梓之际,真诚感谢上海市教育科学研究院杨四耕老师,上海市嘉定区教育局原副局长汪卫平老师,他们在百忙之中为本书提出了修改意见。感谢我的同事和朋友们,谢谢你们的支持和鼓励。

最后我要真诚感谢我的太太牛月华女士，是她多年来对我工作的热情鼓励和全力支持，才使我能够全身心投入工作和研究。

周凤林

2015 年 2 月 18 日于上海嘉定

参考文献

［1］ 班华.现代德育论[M].合肥:安徽人民出版社,2013.

［2］ 李涛.班主任工作新论[M].杭州:浙江大学出版社,2008.

［3］ 詹万生.和谐德育论[M].北京:教育科学出版社,2008.

［4］ 戚万学,唐汉卫.学校德育原理[M].北京:北京师范大学出版社,2012.

［5］ 陈秋兰.班主任工作与德育[M].广州:广东世界图书出版公司,2011.

［6］ 赵志毅.德育原理与方法[M].北京:人民教育出版社,2013.

［7］ 詹万生.整体构建德育体系引论[M].北京:教育科学出版社,2001.

［8］ 秦树理.公民道德导论[M].郑州:郑州大学出版社,2008.

［9］ 葛金国,吴玲,巫莉,等.德育新理念与班主任工作[M].合肥:安徽师范大学出版社,2013.

［10］ 施光明.学校德育新探[M].北京:知识出版社,1999.

［11］ 陈桂生.中国德育问题[M].福州:福建教育出版社,2007.

［12］ 易连云.德育原理[M].武汉:武汉大学出版社,2010.

［13］ 檀传宝.德育原理[M].北京:北京师范大学出版社,2007.

［14］ 黄向阳.德育原理[M].上海:华东师范大学出版社,2013.

［15］ 储培君.德育论[M].福州:福建教育出版社,1997.

［16］ 刘平秀.社区德育论[M].武汉:华中科技大学出版社,2011.

［17］ 高建华.赢在顶层设计[M].北京:北京大学出版社,2013.

［18］ 胡中锋.教育评价学[M].北京:中国人民大学出版社,2008.

［19］ 王会平.有效教学与成功德育[M].长春:世界图书出版公司,2014.

［20］ 易发建.道德场论[M].长沙:湖南教育出版社,2001.

［21］王能荣.走向新世纪教育教学改革与探索［M］.哈尔滨:黑龙江人民出版社,1999.

［22］周凤林.夯实人生基础　塑造健全人格［G］//为嘉定公信教育奠基,2004.

［23］周凤林.谈素质教育中教师的公正观［J］.教书育人,1999(9).

［24］周凤林.关于学校隐性德育的思考［J］.教育探索,2001(9).

［25］周凤林.论班级管理要诀与班主任的素质［J］.思想理论教育,2007(1).

［26］周凤林.注入价值的品质德育:学校德育顶层设计的实践思考［J］.上海教育,2013(12B).